Das Indianische Horoskop

Winfried Noé

# DAS INDIANISCHE HOROSKOP

Astrologie und Weisheit der Vier Winde

Im FALKEN TaschenBuch sind zahlreiche Titel zum Thema Astrologie erschienen. Sie sind überall erhältlich, wo es Bücher gibt.

Dieses Buch wurde auf chlorfrei gebleichtem und säurefreiem Papier gedruckt.

Der Text dieses Buches entspricht den Regeln der neuen deutschen Rechtschreibung.

Besuchen Sie uns auch im Internet: www.falken.de

Originalausgabe
ISBN 3 635 60294 9



**Umschlaggestaltung:** Rincon² – Design & Produktion, Köln
**Layout:** David Barclay, Neu-Anspach
**Redaktion:** Anja Schmidt, München/Christiane Rückel/Susanne Janschitz
**Herstellung:** Beate Müller-Behrens
**Titelbild:** TONY STONE IMAGES, Chad Ehlers, München
**Zeichnungen:** Daniela Schneider, Frankfurt/M.
**Satz:** Raasch & Partner GmbH, Neu-Isenburg
**Druck:** Paderborner Druck Centrum



817 2635 44

# Inhalt

# Inhalt

# Inhalt

# Inhalt

# Das Horoskop der Indianer

## Großvater Sonne und Großmutter Mond

„Die Weißen sind verrückt, die denken mit dem Kopf“ (anstatt mit dem Herzen). Dieser sinngemäße Ausspruch eines Indianers bringt es auf den Punkt, nämlich den grundlegenden Unterschied im Denken und Fühlen der „Weißen“ und der Indianer.

Mutter Erde, Vater Himmel, Großmutter Mond und Großvater Sonne: so einfach, liebevoll und „familiär“ betrachten die Indianer die irdischen und himmlischen Gegebenheiten, in die der Mensch zwangsläufig eingebettet ist. Die Tatsache, dass dieses naturverbundene Volk die Erde als die große Mutter aller Menschen betrachtet, setzt schon voraus, dass der Umgang mit ihr ehrfürchtig, respektvoll, aber auch herzlich und gefühlsbetont erfolgen sollte. Denn welches liebende Kind würde seine Mutter misshandeln, ausbeuten und vergiften? So sind die Indianer stets bestrebt, im Einklang mit der Natur, mit ihren Elementen und Kräften zu leben. Im Gegensatz zu den „Weißen“, die die Naturgesetze zur Befriedigung ihrer Ego-, Sicherheits- und Wohlstandsbedürfnisse kurzsichtig und unüberlegt missachten. Langfristig wäre es wohl wünschenswert, wenn die Botschaft der Indianer die „Weißen“ dazu animieren könnte, das Denken mehr vom Kopf ins Herz zu verlagern …

## Der Kreislauf der Natur

Den immer wiederkehrenden Jahreszyklus der Natur, der sich aus dem (scheinbaren) Lauf der Sonne um die Erde ergibt, könnte man als die Grundlage der indianischen Astrologie bezeichnen und genaugenommen ist dies auch in der klassischen Astrologie des „Weißen Mannes“ der Fall. So gravierend ist der Unterschied also nicht – bis auf den bereits erwähnten: Die Indianer sehen die Astrologie (dem Herzen folgend) sehr naturverbunden, die „Weißen“ eher kopfbetont, rational bis wissenschaftlich.

Der astrologische Tierkreis der Indianer wird auch Erdrad oder Medizinrad genannt. Durch die intensive Beobachtung und Einbeziehung des stetigen Wandels der Natur, ist die indianische Astrologie in der Tat sehr „erdnah". Darüber hinaus sieht sie im jahreszeitlich bedingten Rhythmus der Natur das Mysterium des (ewigen) Lebens widergespiegelt. Deshalb geht dieses Buch auch auf diesen endlos sich wiederholenden Kreislauf der Natur in einem gesonderten Kapitel näher ein.

Der Begriff Medizinrad ist, wie meistens bei den Indianern, ebenso einfach wie treffend und von Herzen einleuchtend ... Denn unter Medizin verstehen sie nicht einfach nur eine Arznei, die im Krankheitsfalle benötigt wird. Im übertragenen Sinne bedeutet Medizin: „etwas, das den Menschen ganz, heil und vollkommen macht". Und das müssen natürlich nicht bittere Tropfen oder Pillen sein. Die Medizin kann ein bedeutungsvoller Gegenstand (wie Erinnerungsstücke, Federn, Steine usw.), ebenso auch Ideen, Visionen, Träume und Taten sein, die dem Mensch auf seinem Weg zur Vollkommenheit hilfreich sind. Schließlich kann also auch der Tierkreis eine wertvolle Medizin sein, denn jedes der zwölf Tiere symbolisiert eine bestimmte Entwicklungsstufe im Kreislauf der Natur, bzw. im Rhythmus des Lebens und bietet damit wertvolle Hinweise darauf, wo sich ein Mensch auf seiner „großen Reise" gerade befindet und worauf er besonders achten muss.

## Das Totem

Totem bedeutet bei den Indianern soviel wie „Zeichen". Um die Qualität (oder kosmisch-natürliche Prägung) eines Charakters bzw. Zeitabschnittes zu bestimmen, wurde jeder Monat (die Indianer würden sagen: jeder „Mond"), der den Lauf des Jahres sowie den Kreislauf der Natur beschreibt, einem bestimmten Tier zugeordnet. Es handelt sich hierbei um das Tier- oder Geburts-Totem. Aus der Abstufung der Lebensformen – Mineral, Pflanze, Tier und Mensch – wird deutlich, dass dem Mensch das Tier am nächsten steht. Und in der Tat können bei Tieren Verhaltensformen erkannt werden, die die erwähnte Natur- und Charakterqualität versinnbildlichen. So erschufen die Indianer ihren Tierkreis (in Klammer befinden sich die Tierkreiszeichen-Entsprechungen der klassischen Astrologie):

## Die indianischen Totems

| Totem | Zeitraum | Sternzeichen |
|---|---|---|
| Falke | 21.03.–19.04. | (Widder) |
| Biber | 20.04.–20.05. | (Stier) |
| Hirsch | 21.05.–20.06. | (Zwillinge) |
| Specht | 21.06.–21.07. | (Krebs) |
| Lachs | 22.07.–21.08. | (Löwe) |
| Braunbär | 22.08.–21.09. | (Jungfrau) |
| Rabe | 22.09.–22.10. | (Waage) |
| Schlange | 23.10.–22.11. | (Skorpion) |
| Eule | 23.11.–21.12. | (Schütze) |
| Gans | 22.12.–19.01. | (Steinbock) |
| Otter | 20.01.–18.02. | (Wassermann) |
| Wolf | 19.02.–20.03. | (Fische) |

## Das Element

Die vier sichtbaren „Grundstoffe“, aus denen das Leben geschaffen ist – Feuer, Luft, Erde und Wasser –, erlauben eine erste und unkomplizierte Deutung eines Horoskopes, da diese Elemente als „grobe“ Antriebskräfte bezeichnet werden können. Mit jenem Element, unter dem ein Mensch geboren ist, ist er besonders verbunden und sollte daher in Harmonie mit ihm leben.

Die Elemente sprechen eigentlich für sich, wenn man mit ihnen in Verbindung steht. Dennoch bietet sich eine Klassifizierung an:

- Das Feuerelement steht für Geist (im Sinne von Spiritualität), Schöpferkraft, Wollen und Handeln.
- Das Luftelement steht für Verstand, Denken, Interesse, Bewegung und Flexibilität.
- Das Erdelement steht für Körperlichkeit, Zielgerichtetheit, Stabilität, Struktur und Ordnung.
- Das Wasserelement steht für Seelisches, Emotionales (Aufnahme, Hingabe), Ruhe und Einfühlungsvermögen.

## Der Elemente-Clan

Den vier Elementen gehören jeweils drei Tier-Totems an (Feuer: Falke, Lachs und Eule; Luft: Hirsch, Rabe und Otter; Erde: Biber, Braunbär und Gans; Wasser: Specht, Schlange und Wolf). Diese jeweils drei Zeichen eines Elementes wurden in sogenannten Clans zusammengeschlossen. So gehören die Zeichen des Feuerelementes dem Habichts-Clan an, die Zeichen des Luftelementes dem Schmetterlings-Clan, die Zeichen der Erde dem Schildkröten-Clan und die Zeichen des Wasserelementes dem Frosch-Clan. Der Clan ist wie eine Familie oder Gruppe, woraus sich nicht zuletzt ergibt, dass die Zeichen, die zum selben Clan gehören, untereinander besonders gut harmonieren.

# Die Winde

Die Winde beschreiben die vier Himmelsrichtungen, die den Tierkreis quasi vierteln, so dass jeweils eine Himmelsrichtung über drei Zeichen herrscht. Die Winde symbolisieren Wissen und Weisheit und beides gilt es – im Charakter wie im Leben – zu lernen und zu integrieren. Die Ostwinde des Frühlings (Falke, Biber und Hirsch) fördern Weitsicht und Spiritualität. Die Südwinde des Sommers (Specht, Lachs und Braunbär) fördern die Wahrnehmung und das Fühlen. Die Westwinde des Herbstes (Rabe, Schlange und Eule) fördern Einsicht und Erkenntnis. Die Nordwinde des Winters (Gans, Otter und Wolf) fördern Erholung und Erneuerung.

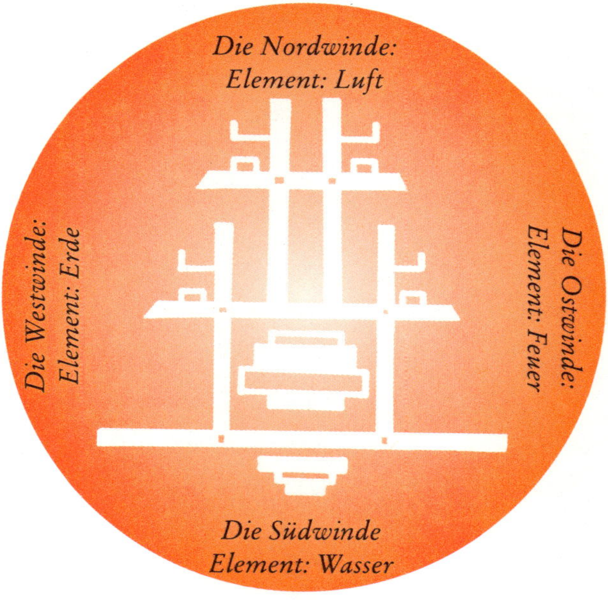


*Das Rad der Winde*

# Die indianischen Totems

# Der Falke

**Der Falke:** *21.03.–19.04.*
Die Natur: *Erwacht zu neuem Leben*
Geburts-Totem: *Falke*
Element: *Feuer*
Elemente-Clan: *Habichts-Clan*
Winde: *Ostwinde*
Stärken: *Dynamik, Optimismus*
Schwächen: *Unüberlegtheit, Rücksichtslosigkeit*

## Das Totem

Der Falke ist ein ebenso eleganter wie kraftvoller Raubvogel, ein hervorragender Flieger, der seine Beute (auch aus sehr großer Höhe) im Sturzflug fängt. Der Stolz in seinen Augen lässt den Eindruck entstehen, dieses Tier sei sehr selbstbewusst – vielleicht sogar ein bisschen weise. Typisch für den Falken sind der gebogene Schnabel sowie seine scharfen Krallen und dank seiner Schnelligkeit und Zielgerichtetheit ist er ein ausgezeichneter Jäger. Der Falke symbolisiert Freiheit und Unabhängigkeit, weshalb es keineswegs einfach ist, diesen herrlichen Vogel zu zähmen.

## Das Element

Der Falke ist dem Element des Feuers zugeordnet, jenem Element, das für Wärme, Herzlichkeit, Mut und Aufrichtigkeit steht. Der Einfluss des Feuers macht zudem aktiv, begeisterungsfähig und sorgt für starke Emotionen, Spontaneität und Tatkraft. So sind Falke-Geborene im wahrsten Sinne des Wortes schnell Feuer und Flamme – und stets zum Aufbruch und neuen Abenteuern bereit.

## Der Elemente-Clan

Der Falke gehört dem Habichts-Clan an. Diesem Menschenschlag sind die Denker und die Helden zuzuordnen: selbstbewusste Wesen, die begeistern, überzeugen, mitreißen und führen wollen. Es sind Menschen, die Pionierarbeit leisten, um den Weg für andere zu bereiten. Motiviert und getragen von ihrem inneren Feuer, sind die Angehörigen des Habichts-Clans kühne, manchmal gar verwegene Zeitgenossen, die große Projekte auf die Beine stellen.

## Die Winde

In der Zeit vom 21.03. bis 19.04. kommen die Winde aus Osten – und bringen gewissermaßen den Frühling mit. Der Osten ist auch der Punkt, an dem die Sonne täglich aufgeht. Somit symbolisieren die Ostwinde den Aufbruch und den Neuanfang, der ja für Falke-Menschen so typisch ist. In der Natur erwacht das neue Leben, im Falken entstehen neue Pläne und Ideen.

## Das ist typisch für den Falken

Dem Symbol des Falken entsprechend, können (und sollten) die unter diesem Totem Geborenen gute, scharfe Beobachter sein. Jedoch steht ihr Temperament dem Durchblick zuweilen im Wege. Dafür können sie jederzeit durchstarten, geradezu abheben, sich schnell und spontan auf ein Ziel fixieren und zugreifen – manchmal natürlich daneben … Doch was macht das schon? Wer sich so rasch wieder „fängt", kann mühelos mehrere Anläufe (bzw. -flüge) verkraften. Am Ende muss und wird es klappen. Zuversicht und (Durchsetzungs-)Kraft sind eben alles und der Falke ist um diese Antriebsfedern zu beneiden.

Er liebt die Dynamik und die Spannung des jeweiligen Augenblicks; er ist kein großer Planer oder komplizierter Stratege, sondern spontan und unkompliziert. Der Falke weiß, was er will und wird es sich holen, wobei das feurige Temperament dieser Zeitgenossen schon mal zu impulsiven und hitzigen Reaktionen führen kann. Doch im Grunde sind sie offene, direkte, aufrichtige und dank ihres etwas rustikalen Charmes auch liebenswerte Naturen. Wer einen Falken zum Freund hat, kann sich glücklich schätzen, wer ihn sich zum Feind macht, hat selber Schuld …

Zu den negativen Eigenschaften des Falken gehört, dass er kämpft um des Kampfes willen; auch seine Neigung zu Egoismus und einer gewissen Rücksichtslosigkeit ist nicht zu übersehen. Falke-Menschen müssen lernen, andere Meinungen gelten zu lassen und Kompromisse einzugehen.

## Die Liebe

Das Element des Feuers, dem der Falke ja angehört, sorgt für eine gute Portion Leidenschaft: Wie im Leben, reagiert der Falke auch in der Liebe sehr spontan und stürmisch. Frisch verliebt fühlt sich dieses Zeichen am wohlsten, doch ist es nicht immer leicht, die Gefühle auf diesem Niveau zu halten – vor allem, wenn Partnerschaften länger bestehen (sollen). So kommt es auch, dass der Falke mit der Treue zuweilen leichte Probleme hat.

Diese leidenschaftlichen, zu starken und intensiven Emotionen fähigen Charaktere sind jedenfalls gut beraten, ihren tiefen Empfindungen auch

Ausdruck zu verleihen, da sich diese Energie sonst unkontrolliert entladen könnte – womit wir beim Thema Sexualität wären. Sie spielt für den Falken eine wichtige Rolle; er „springt schnell an“, kann aber gleichzeitig ein großer Romantiker sein.

Obgleich der Falke sehr auf seine persönliche Unabhängigkeit bedacht ist, kann er in seinem Verhalten dem Partner gegenüber zu Eifersucht neigen. Denn er ist von sich durchaus überzeugt (bis begeistert) und der Meinung, dass das andere Geschlecht das natürlich genauso sieht …

## Der Beruf

Falke-Geborene können es im Beruf sehr weit bringen. Voraussetzung dafür ist jedoch, dass sie innerhalb der Arbeit ein gutes Maß an Selbstständigkeit erlangen und freie Entscheidungen treffen können. Da es mit der realistischen Planung (Vorbereitung, Methodik) zuweilen ebenso hapert wie mit dem Durchhaltevermögen, kann es passieren, dass der Falke zunächst den „falschen“ Beruf ergreift und dann solange probiert und wechselt, bis er den für ihn richtigen gefunden hat – um darin aufzugehen. Denn was immer er macht, der Falke muss mit Leib und Seele bei der Sache sein. Natürlich macht er auch als Chef eine gute Figur. Denn mit seinen Führungsqualitäten, seinem Mut und seiner Begeisterung kann er Mitarbeiter förmlich zu Höchstleistungen anspornen.

## Die Vitalität

Falke-Menschen setzen sich nicht selten selbst unter Leistungs- und Zeitdruck, da sie sich oft mehr vornehmen, als ihre Kondition erlaubt. Das kostet Nerven und Kraft. Leider halten diese aktiven Naturen nicht viel von schöpferischen Pausen und so neigen sie dazu, sich auch dann zu verausgaben, wenn es gar nicht nötig wäre.

Der Kopf ist die körperliche Entsprechung des Falken. So kann er auf Stress mit Kopfschmerzen oder Migräne reagieren. Die Zugehörigkeit zum Feuerelement kann zudem zu leichter Erregbarkeit führen und den Blutdruck in die Höhe treiben, plötzliche Beschwerden oder fiebrige Entzündungen auslösen.

# Der kleine Falke

Schon im zarten Kindesalter treten die typischen Falke-Eigenschaften deutlich zu Tage. Werden seine kindlichen Forderungen nicht erfüllt, wird er diesen mit einem Wutanfall entsprechenden Nachdruck verleihen. Denn geduldiges Abwarten ist von diesem kleinen Dynamo keinesfalls zu erwarten – eher, dass er sich ob seines sehr stark ausgeprägten Bewegungs- und Tatendranges die eine oder andere Beule holen wird. Der kleine Falke ist nun einmal mit viel Power ausgestattet und er hat zudem noch seine helle Freude daran, diese im Wettkampf mit anderen immer wieder zu messen. Es wäre deshalb vorteilhaft, wenn dieses lebhafte Kind frühzeitig die Gelegenheit bekommt, sich auf sportlicher Ebene regelmäßig auszutoben.

„Ich will" und „jetzt sofort" sind übrigens die Lieblingsvokabeln des kleinen Falken. Den Eltern obliegt dabei die schwere Aufgabe, dieses energiegeladene Kind zu etwas mehr Disziplin und Rücksicht anzuhalten. Keine leichte Übung! Doch für eine ausgewogene Mischung aus Sanftheit und Konsequenz ist der kleine Falke durchaus empfänglich – und wird früher oder später auch umgänglich …

Trotz alledem ist dieser kleine Spross eine wahre Freude: aufgeschlossen, ehrlich, liebevoll und (fast immer) fröhlich. Kurz, ein herziger Wonneproppen. Viel Bewegung an frischer Luft sowie kind- bzw. altersgerechte, verantwortungsvolle Aufgaben, an denen er seine Kräfte messen kann, lehren ihn eine gewisse Integration. Abenteuergeschichten hört der kleine Falke übrigens besonders gern; seine Eltern sollten ihm diese nicht vorenthalten. Denn mit Hilfe eben dieser Geschichten kann er überschüssigen Dampf in der Fantasie ablassen.

# Der Falke und seine Partner

### Falke und *Falke*

Zwei Falken teilen nicht nur die Gemeinsamkeit des Totems, sondern auch das Element Feuer. Da kann man eine grundsätzliche Übereinstimmung gewiss voraussetzen. Doch handelt es sich hier auch um zwei Power-Typen mit viel Durchsetzungsvermögen und wenig Geduld. Darin liegt möglicherweise ihr größtes Problem. Andererseits könnten diese beiden die Welt aus den Angeln heben …

### Falke und *Hirsch*

Hier stimmen die Winde und auch die Elemente (Feuer und Luft) vertragen sich gut. Das positive Ergebnis kann eine ebenso anregende wie erfüllte Beziehung sein. Die Tatkraft des Falken und der Einfallsreichtum des Hirsches ergänzen sich gut und Langeweile scheint in dieser Verbindung ein Fremdwort zu sein. Diese beiden können etwas auf die Beine stellen – in beruflichen und privaten Dingen.

### Falke und *Biber*

Obgleich beide Zeichen von den Ostwinden beherrscht werden, wodurch sie eine zuversichtliche Lebenseinstellung verbindet, könnte der etwas bedächtige Biber den stürmischen Falken in seinen Aktivitäten behindern. Andererseits vermag der Biber die Dynamik des Falken in überaus produktive und konstruktive Bahnen zu lenken. Als Gegenleistung müsste der Falke hin und wieder einen Gang zurückschalten.

### Falke und *Specht*

Diese Kombination dürfte einige Schwierigkeiten mit sich bringen. Das Wasser (Specht) kann das Feuer (Falke) löschen, umgekehrt besteht die Gefahr, dass das Feuer das Wasser geradezu verdunstet. Guter Wille allein reicht hier vermutlich nicht. Diese Verbindung braucht mehr Rücksichtnahme seitens des Falken und mehr Offenheit seitens des Spechtes. Aber genau das sind der beiden schwerste Übungen …

## Falke und *Lachs*

Der Lachs wird keine nennenswerten Probleme haben, sich auf den Falken einzustellen (und einzulassen) – und umgekehrt. Das Feuerelement, dem beide unterstellt sind, liefert eine gute gemeinsame Basis. Auch die charakterlichen Anlagen und Neigungen ergänzen sich sehr gut. Lediglich die Dominanz, bzw. die Führungsansprüche, die diese beiden an den Tag legen, könnten eine gewisse Frustquelle darstellen.

## Falke und *Braunbär*

Diese beiden Zeichen sind sich vermutlich nicht gerade auf Anhieb sympathisch. Denn das feurige Temperament des Falken wird den erdbetonten und bedächtigen Braunbär zunächst sogar abstoßen. Doch für beide dürfte es lohnend sein, sich auf ein näheres Kennenlernen einzulassen: die kühnen Projekte des Falken ließen sich mit Unterstützung des Braunbären auf ein solides Fundament stellen.

## Falke und *Rabe*

Die Ostwinde des Falken (Aufbruch) könnten den Westwinden des Raben (Einkehr) Probleme bereiten – und umgekehrt. Gleichzeitig ergänzen sich die Elemente Feuer (Falke) und Luft (Rabe) jedoch durchaus. Trotzdem wird es nötig sein, dass diese beiden Partner bewusst etwas für die Harmonie in der Beziehung tun. Der Falke ist der typische Einzelkämpfer, der Rabe ein diplomatischer Gruppenmensch. Da sind Kompromisse vonnöten.

## Falke und *Schlange*

In dieser Kombination treffen zwei gefühlsintensive und leidenschaftliche Zeichen aufeinander. Das kann ebenso anziehend wie reizvoll sein. Doch die Elemente lassen sich nicht ohne weiteres vereinigen. Feuer und Wasser sind immer etwas problematisch. In diesem Fall kann die emotionale Spontaneität des Falken im krassen Widerspruch zur emotionalen Verschlossenheit der Schlange stehen.

## Falke und *Eule*

Die Eule, ebenfalls beherrscht vom Feuerelement, kann für den Falken eine wahre Bereicherung darstellen. Dieses idealistische Zeichen entfacht rasch seine Begeisterung und seine Leidenschaft. Gemeinsam ziehen diese beiden aus, um die ganze Welt zu erobern. Doch auch im kleineren Bereich (z. B. im privaten, häuslichen und amourösen) bleiben in dieser Verbindung sicherlich nicht viele Wünsche offen.

## Falke und *Gans*

Zwischen Falke und Gans gibt es durchaus einige nennenswerte Übereinstimmungen: zum Beispiel die Entschlossenheit und das Bedürfnis, sich durchzusetzen. Doch die Herangehensweise an die jeweiligen Vorhaben und Projekte ist bei beiden völlig verschieden, woran die Harmonie schließlich scheitern könnte. Die Verbindung von Feuer und Erde erfordert stets Zugeständnisse. Und diese liegen weder dem Falken noch der Gans …

## Falke und *Otter*

Die Winde (Ost und Nord) wehen zwar in verschiedene Richtungen, doch die Elemente (Feuer und Luft) bilden hier eine durchaus vielversprechende Basis. Es dürfte dem Falken nicht schwer fallen, sich für die Vorstellungen und Pläne des Otters zu begeistern – und diesen zum Durchbruch zu verhelfen. Dafür revanchiert sich der Otter mit einer herzerfrischenden Offenheit und mit einem Einfallsreichtum, der für alle Zeiten Spaß, Spannung und jede Menge Abwechslung verspricht.

## Falke und *Wolf*

Der Wolf ist klug, aber sehr sensibel und entsprechend vorsichtig – eine Anlage, für die der Falke vermutlich nicht immer genügend Verständnis aufbringen wird. Wieder einmal treffen die Elemente Feuer und Wasser aufeinander. Doch etwas verbindet diese beiden Zeichen: die Hoffnung darauf (Wolf) und das Wissen darum (Falke), dass die Natur im Begriff ist, neues Leben (und einen neuen Zyklus) hervorzubringen.

# Der Biber

| | |
|---|---|
| **Der Biber:** | *20.04.–20.05.* |
| Die Natur: | *Wächst und gedeiht* |
| Geburts-Totem: | *Biber* |
| Element: | *Erde* |
| Elemente-Clan: | *Schildkröten-Clan* |
| Winde: | *Ostwinde* |
| Stärken: | *Standhaftigkeit, Beständigkeit* |
| Schwächen: | *Sturheit, Begrenztheit* |

## Das Totem

Der Biber ist ein untersetztes, stämmiges und fleißiges Tier, das durch seine Bautätigkeit zahlreiche natürliche Teiche in seinem Lebensraum entstehen lässt. Diese Nage(und Säuge-)Tiere leben sowohl auf dem Land als auch im Wasser. Man könnte Biber durchaus als kleine Ingenieure der Tierwelt bezeichnen, die sowohl zu ihrer Sicherheit als auch zu ihrer Bequemlichkeit Veränderungen an ihrer Umwelt vornehmen. Wieder und wieder werden die Behausungen erweitert, umgebaut usw. Dazu gehört ein hohes Maß an Ausdauer.

## Das Element

Der Biber ist dem Element der Erde zugeordnet, einem Element, das für Beständigkeit, Stabilität, Festigkeit und Zuverlässigkeit steht. Die Erde gibt allem Leben Halt und Sicherheit und so ist es nicht verwunderlich, dass gerade Biber-Geborene zu den verlässlichsten Menschen gehören. Allerdings messen sie (aus Sicherheitsgründen) dem Materiellen gelegentlich zuviel Bedeutung bei …

## Der Elemente-Clan

Der Biber gehört dem Schildkröten-Clan an. Dass dieses Tier den Indianern als Symbol für die Erde galt (und gilt), ist naheliegend: der harte Panzer umschließt und schützt das empfindliche Lebewesen. Schutz und Sicherheit ist dementsprechend den Angehörigen des Schildkröten-Clans ein starkes Bedürfnis. Diese Menschen brauchen ein solides Fundament, auf dem sie aktiv werden und sich entfalten können. Sie wollen aufbauen und bewahren.

## Die Winde

In der Zeit vom 20.04. bis 20.05. kommen die Winde aus dem Osten. Symbolisierten die Ostwinde zur Zeit des Erwachens (Falke) das Knospen (den Durchbruch), so geht es jetzt in der Natur um die Verwurzelung und Sicherung des jungen Lebens. Dementsprechend werden sich Biber-Menschen vorzugsweise mit realen, greifbaren und „handfesten“ Dingen befassen anstatt Theorien oder Idealen nachzujagen.

## Das ist typisch für den Biber

Zur Biber-Zeit befindet sich der Frühling auf seinem Höhepunkt: Es ist die Zeit des Wurzeln-Schlagens. Denn ohne die feste Verbindung zur Erde können sich die gerade erst geborenen Knospen und Pflanzen nicht entfalten. So ist es typisch für den Biber, dass er in allen seinen Bestrebungen, Aktivitäten und Vorhaben auf Nummer Sicher geht. Die in diesem Zeichen Geborenen brauchen in allen Lebensbereichen (und -lagen) einen festen Boden unter den Füßen, ein solides Fundament, auf dem sich das persönliche Dasein entfalten und alle Pläne errichtet werden können.

Ebenso wie das Tier ist auch der Biber-Mensch mit emsiger und unermüdlicher (jedoch besonnener und vernünftiger) Schaffenskraft bei der Sache, um den Aufgaben und persönlichen Zielen des Lebens gerecht zu werden. Am Ende kann der Biber-Geborene auf seine Leistungen und seinen Besitz stolz sein. Denn er weiß, was er will und verfügt über genügend Ausdauer und Tatkraft, um die einmal gefassten Pläne Weise zu realisieren.

Das durch den Einfluss des Erdelementes so stark ausgeprägte Bedürfnis nach Sicherheit und Beständigkeit kann jedoch dazu führen, dass es Biber-Geborenen an Flexibilität mangelt und sie sich auf bestimmte Punkte und Ziele fixieren, was ihnen die allgemeine Sicht einschränkt. So bleibt unter Umständen manch große Chance ungenutzt, auch weil Biber-Menschen es hassen, Risiken einzugehen, die die angestrebte Sicherheit gefährden könnten. Schließlich haben diese verlässlichen Zeitgenossen einen Hang zur Bequemlichkeit. Sie genießen in vollen Zügen die angenehmen Seiten des Lebens, denn Biber sind sinnlich veranlagte Menschen – und diese Anlage kommt nicht zuletzt in der Sexualität zum Ausdruck.

## Die Liebe

Auch in der Liebe setzt der Biber auf Sicherheit und Beständigkeit. Aus diesem Grunde ist er in aller Regel ein ebenso treuer wie fürsorglicher Partner. Ständig wechselnde Beziehungen sind gewiss nicht seine Sache, da dies nur unnötige Unruhe in sein Leben bringen würde. Zuweilen kann der Biber auch ein rechter „Sturkopf“ sein, was der partnerschaftlichen Harmonie nicht immer gut bekommt. Nachgeben fällt halt schwer. Da wäre vorteilhaft, wenn sein Partner über ein gewisses Maß an Kompromißbereitschaft und Diplomatie verfügt. Natürlich sollte Erstere nicht so weit gehen, dass der Biber nur noch seinen Kopf, bzw. seine Liebesbedürfnisse durchsetzt.

Biber-Geborene sind nicht unbedingt leidenschaftliche Liebhaber (innen), dafür aber um so sinnlichere. Der innige und zärtliche Körperkontakt vermittelt diesen Wesen Sicherheit und Geborgenheit und werden die Schmuse- und Streicheleinheiten nicht großzügig (und behutsam) genug dosiert, herrscht bei Biber-Geborenen eher Frust statt Lust. Schließlich ist auch die Sexualität eine Annehmlichkeit des Lebens – und will deshalb mit allen Sinnen genossen werden.

## Der Beruf

In der Berufs- und Geschäftswelt kommt es dem Biber nicht so sehr darauf an, einen besonderen Status zu erreichen. Wichtig ist ihm vielmehr, dass die Kasse stimmt – und dafür wird dieses fleißige und zielgerichtete Zeichen schon sorgen. Die bereits erwähnte Zuverlässigkeit und Beständigkeit macht den Biber-Geborenen zu einem vor allem von Vorgesetzten sehr geschätzten Mitarbeiter. Auf diese Menschen kann man eben bauen; die gestellten Pflichten und Aufgaben werden sie mit Sicherheit gründlich und gewissenhaft abwickeln. Biber-Menschen fühlen sich übrigens wohl in Berufen, die mit ihrem Erdelement zu tun haben, beispielsweise in der Landwirtschaft. Da sie aber auch mit Geld umgehen können, findet man Biber ebenso häufig als Bankangestellte, Steuerfachleute usw.

## Die Vitalität

Grundsätzlich verfügen Biber-Geborene über eine recht hohe Vitalität und Widerstands- wie auch Leistungskraft. Da diese Menschen aber, wie wir schon gehört haben, rechte Genießer sind, fühlen sie sich von gutem Essen und Trinken sehr angezogen. Wenn sie es zuweilen ein wenig übertreiben, kann das natürlich Probleme mit der schlanken Linie verursachen. Im Übrigen ist der Hals der neuralgische Punkt des Bibers. Mandelentzündungen oder Heiserkeit können ihm häufiger zu schaffen machen als anderen Zeichen.

## Der kleine Biber

Der kleine Biber ist im Grunde ein braves Kind, das seine Eltern durch seine freundliche und positive Art durchaus erfreut und sich dank der Biber-typischen Ausdauer oft stundenlang allein beschäftigt. Doch auch das Bedürfnis nach materieller Sicherheit ist diesem Knirps mit in die Wiege gelegt worden, so dass er schon im zarten Kindesalter Besitzstreben und einen starken Eigensinn entwickelt. Die wesentliche erzieherische Aufgabe besteht demnach darin, ihm klarzumachen, dass er nichts verliert, wenn er etwas abgibt und dass er auch die Meinungen und Bedürfnisse anderer Menschen akzeptieren muss. Wie schon beim kleinen Falken, ist es auch hier von Wichtigkeit, dass die Eltern dabei ebenso sanft wie konsequent vorgehen.

Ansonsten wird dieses liebenswürdige, kreative und gesellige Kind jedoch keine nennenswerten Probleme heraufbeschwören. In der Schule kommen sein Fleiß und ein gesunder Ehrgeiz zum Vorschein. Der kleine Biber lernt nicht unbedingt schnell, dafür aber um so gründlicher. Deshalb sollten die Eltern (und Lehrer natürlich) ihm stets genügend Zeit lassen, den Lehrstoff ausgiebig zu bearbeiten und zu verstehen.

Mit zunehmendem Alter und entsprechender Reife entfaltet der kleine Biber ein beachtliches Maß an Selbstständigkeit und lernt, seine Fähigkeiten gezielt einzusetzen. Die Eltern müssen weniger Schützenhilfe leisten, als es bei den meisten anderen Zeichen der Fall ist. Wichtig für den kleinen Biber ist vor allen Dingen, dass seine Entwicklung innerhalb eines geregelten und kalkulierbaren Rahmens gewährleistet ist. Dieses Kind braucht eine klare Linie und Regeln, die es versteht und nachvollziehen kann.

# Der Biber und seine Partner

### Biber und *Falke*

Der Biber ist ein Vertreter des Erdelements und wünscht sich Sicherheit, Geborgenheit und gepflegte Häuslichkeit – allesamt Bedürfnisse, die der vom Feuer beherrschte Falke nicht unbedingt nachvollziehen, geschweige denn erfüllen kann. Deswegen werden diese beiden sich ganz schön zusammenraufen müssen – und ob der große Funke total überspringt, wird wohl fraglich bleiben.

### Biber und *Biber*

Diese Kombination ist sowohl für private bzw. Liebes- als auch für Geschäftsbeziehungen recht verheißungsvoll. Das „doppelte" Erdelement verbindet sie in dem Bedürfnis nach Sicherheit und Stabilität. Biber und Biber können sich praktisch in allen Lebenslagen aufeinander verlassen – eine gute Ausgangsbasis also. Lediglich der beiderseitige Mangel an Flexibilität könnte die Fronten gelegentlich verhärten.

### Biber und *Hirsch*

Der „luftige" Hirsch ist ein wahrer Tausendsassa. Stets aktiv, vornehmlich geistig, mit zahlreichen Interessen versehen und der Abwechslung wegen auch gern auf Achse, um Land – und ganz besonders: Leute – kennen zu lernen. Das könnte den beständigen, gewohnten Lebensrhythmus des erdbetonten Bibers zwar aus der Ruhe bringen, doch etwas mehr Beweglichkeit könnte ihm eigentlich nicht schaden.

### Biber und *Specht*

Gesucht und gefunden: Hier treffen zwei harmonisierende Elemente, nämlich Erde und Wasser aufeinander, was eine gute Voraussetzung für die optimale Ergänzung bedeutet. Es dürfte daher kein Problem sein, in wesentlichen Punkten eine wohltuende Übereinstimmung zu erzielen. Der Biber gibt dem Specht den Halt, nach dem er sich sehnt, der Specht bedankt sich mit emotionaler Hingabe.

## Biber und *Lachs*

Diese Kombination birgt einige Gegensätze, die sich nicht ohne weiteres in Einklang bringen lassen. Denn sowohl dem Biber als auch dem Lachs mangelt es ein wenig an Toleranz und Nachgiebigkeit – die Elemente Erde und Feuer erfordern eben Kompromisse. Andererseits sind beide Zeichen den schönen Seiten des Lebens durchaus aufgeschlossen. Das könnte ein Ansatzpunkt sein.

## Biber und *Braunbär*

Hier kann man nur einer Meinung sein: Diese beiden passen ausgezeichnet zusammen, denn das Erdelement vereint. Auch die charakterlichen Anlagen sowie die rationalen und emotionalen Bedürfnisse ähneln sich stark. Vor lauter Einklang ist fast zu befürchten, dass sich gelegentliche Langeweile breit macht, jedoch ist das Risiko in Wirklichkeit gering, da beide stets für eine gemeinsame Sache aktiv sein können – und auch wollen.

## Biber und *Rabe*

Der Rabe ist dem Biber gewiss nicht unsympathisch, zumal es Ersterem dank seiner wendigen und entgegenkommenden Art nicht schwerfällt, auf den Biber einzugehen. Das besagt jedoch noch nicht, dass automatisch eine tiefere Übereinkunft erzielt werden kann. Die Elemente Erde und Luft brauchen nämlich eine Weile, um sich miteinander vertraut zu machen.

## Biber und *Schlange*

In dieser Beziehung kommt es mit Sicherheit zu Spannungen: das kann die Partnerschaft zwischen Biber und Schlange sehr anziehend aber auch anstrengend gestalten. Erde und Wasser ergänzen sich generell sehr gut, die charakterlichen Anlagen sowie die Interessen können jedoch recht weit auseinander klaffen. So schwankt man oft zwischen den Extremen – und zwischen Haß und Liebe …

# Der Biber 20.04.–20.05.

### Biber und *Eule*

Ganz ohne Frage ist die Eule ein interessanter und anziehender Zeitgenosse. Doch mit ihren hohen Idealen und entsprechenden Erwartungen kann sich der erdverbundene Biber nicht immer anfreunden. Es bleibt die Frage, ob sich hier nicht zu viele Widersprüche auftürmen, die einer erfüllten Beziehung im Wege stehen. Ob da der gute Wille allein ausreicht?

### Biber und *Gans*

Die Gans ist, wie der Biber, ein Zeichen aus dem Erdelement und schon daher ein Partner, der Harmonie und Erfüllung nahezu garantiert. Man versteht sich auf Anhieb. Kein Wunder: beide weisen sehr ähnliche Charakterzüge auf. Da Gans und Biber mit den materiellen Dingen des Lebens vertraut und darin erfolgreich sind, ist diese Kombination auch in geschäftlicher Hinsicht interessant – und lukrativ …

### Biber und *Otter*

Der Biber steht mit beiden Beinen fest auf der Erde, während der Otter – voller Lust – in „luftigeren" Gefilden zu Hause ist … Dass hier gewisse Schwierigkeiten überwunden werden wollen, liegt auf der Hand. Sowohl Biber als auch Otter müssen für eine Beziehung „arbeiten", um sich in ihrer Gegensätzlichkeit schließlich befruchten zu können.

### Biber und *Wolf*

Für den Wolf wird sich das Biber-Herz schnell erwärmen. Kunststück! Dieser vom Wasser beeinflusste, sensible und einfühlsame Partner weiß nicht nur um die Wünsche des Bibers, sondern auch um deren Erfüllung – und das ohne große Worte, ein intensiver Blickkontakt reicht. Allerdings darf der Biber den Wolf nicht vereinnahmen …

# Der Hirsch

**Der Hirsch:** ***21.05.–20.06.***
Die Natur: *Blüht und verbindet sich*
Geburts-Totem: *Hirsch*
Element: *Luft*
Elemente-Clan: *Schmetterlings-Clan*
Winde: *Ostwinde*
Stärken: *Vielseitigkeit, Gewandtheit*
Schwächen: *Oberflächlichkeit*

## Das Totem

Die Gattung der Hirsche beinhaltet viele verschiedene Exemplare, die sich in Art, Größe und Gewicht unterscheiden. Doch grundsätzlich ist der Hirsch ein sehr anmutiges, wendiges und geschicktes Tier. Mit wachen und schnellen Blicken beobachtet er sein Umfeld und reagiert, wenn nötig, sehr flink darauf. So gewinnt man den Eindruck, dass dieses Tier besonders intelligent sei ... jedenfalls intelligent genug, um unnötigen Kämpfen (mit Ausnahme der Paarungszeit) aus dem Wege zu gehen, indem es bei Gefahr den schnellen und unkomplizierten Rückzug antritt.

## Das Element

Der Hirsch ist dem Element Luft zugeordnet. Dieses Element steht für Flinkheit und Beweglichkeit wie kein zweites. Der „Wind" ist es, der zwischen allen Dingen steht und alles verbindet. Er ist ruhe- und rastlos. Ebenso können Hirsch-Menschen das Bedürfnis haben, überall gleichzeitig zu sein und etwas zu verändern.

## Der Elemente-Clan

Der Hirsch gehört dem Schmetterlings-Clan an, der vom Luftelement regiert wird. Der Schmetterling ist ein Symbol für Leichtigkeit und Unbeschwertheit. Ständig ist er in Bewegung, um von Blüte zu Blüte zu fliegen. Nirgendwo verweilt er sonderlich lange. Übertragen auf den Hirsch-Geborenen, bedeutet das, dass er sein Bedürfnis nach Anregung, Abwechslung und Kommunikation gern spontan befriedigt – denn es gibt viel zu entdecken im Leben.

## Die Winde

In der Zeit vom 21.05. bis 20.06. kommen die Winde aus Osten, also aus der Richtung der Morgendämmerung, die immer das Neue symbolisiert. Doch die Winde sind im Begriff, die Richtung zu wechseln; bald werden sie aus Süden kommen. So hat der Frühling seinen Höhepunkt überschritten, die Vorboten des Sommers lassen grüßen. Große Neuerungen sind zu erwarten und der Hirsch-Geborene wirkt mit Vorliebe daran mit.

## Das ist typisch für den Hirsch

Hirsch-Geborene sind im Grunde ihres Wesens durchaus sensibel, aber auch locker und unbeschwert. Daraus und aus dem dringenden Bedürfnis nach anregenden Impulsen entsteht, wie schon erwähnt, der Drang, kleine bis größere Veränderungen in ihrem Umfeld zu forcieren, damit sich das Leben stets von seiner interessanten und vielfältigen Seite zeigt. Lange Phasen der Ruhe, die anderen eine Wohltat bedeuten mögen, machen Hirsch-Menschen eher nervös. Sie können sogar darunter leiden.

Hirsch-Geborene verfügen über einen aufgeschlossenen und wachen Geist, was sie zu faszinierenden Gesprächspartnern macht. Auf verbaler Ebene ist dieses Zeichen eben äußerst schlagfertig und gewandt. Flexibilität sowie schnelle Reaktionen zählen also zu seinen großen Stärken und die Kommunikation ist ihm heilig. Aus diesem Grund bereitet es ihm auch keinerlei Schwierigkeiten, rasch Kontakte zu anderen Menschen herzustellen. Leider ist der Hirsch auch etwas ungeduldig und so kann er in einer heftigen Diskussion dem Gesprächspartner schon mal das Wort abschneiden.

Geschwindigkeit ist für einen Hirsch-Menschen also keine Hexerei. Sie kann jedoch dazu führen, dass er sich zuweilen etwas flatterhaft bis oberflächlich gebärdet, da er sich nicht immer genügend Zeit und Ausdauer nimmt, um tiefere Hintergründe zu erforschen.

Mit Charme und Pfiff ziehen Hirsch-Geborene die Aufmerksamkeit ihrer Umwelt schnell auf sich und machen damit ihre Sprung- und Launenhaftigkeit wieder wett. Trotzdem wäre es schade, wenn sie die Veränderungen im Leben nur im Äußeren oder auf verbaler Ebene suchen.

## Die Liebe

Der Hirsch ist das, was man einen Tausendsassa oder Luftikus nennt und weil er ganz besonders die Abwechslung liebt, wird es ihm nicht gerade leicht fallen, eine dauerhafte Partnerschaft zu unterhalten – es sei denn, seine männliche bzw. weibliche Ergänzung versteht es, die Liebe immer interessant, prickelnd und anregend zu gestalten. Das ist gewiss keine leichte Übung. Doch selbst wenn sie gelingt, wird der Hirsch-Geborene immer wieder mal seine Blicke kreisen lassen und einem kleinen Flirt sicher nicht aus dem Weg gehen. Er braucht deshalb nicht nur einen interessanten, sondern auch einen toleranten Partner. Zwar steigen Hirsch-Geborene emotional (entgegen ihrer sonstigen Neigung) nicht so schnell tiefer ein, sind dafür aber Weltmeister im flirten, hofieren und verführen. Mit Eleganz und Charme zwingen sie das andere Geschlecht in die Knie – und einer unvergessenen Liebesnacht gehen bei Hirsch-Menschen ganz gewiss ein stilvoller, geselliger Abend und natürlich fesselnde Gespräche voraus. So viel ist sicher: das Liebes- und Eheleben mit einem Hirsch-Geborenen wird kaum eintönig werden, solange es auf Toleranz gründet. Sie ist der Schlüssel zum Glück.

## Der Beruf

Es liegt auf der Hand, dass der Hirsch auch im Bereich der Arbeit großen Wert auf eine vielseitige Beschäftigung legt. Denn Hirsch-Geborene verfügen über einen wachen Verstand, der sich in abwechslungsreicher, geistiger und auch praktischer Arbeit bewähren will. Außerdem zeichnet sich der Hirsch durch geschickte Argumentation aus, ganz zu schweigen von seinem kaufmännischen Talent. Berufe, in denen man mit vielen Menschen zu tun hat und häufig auf Geschäftsreise geht, liegen Hirsch-Menschen besonders. Als Vertreter kann man sie sich ebenso vorstellen, wie als Journalist – Hauptsache, es tut sich etwas. Denn, wie bereits erwähnt, ist Langeweile etwas, auf das Hirsche allergisch reagieren, im Beruf genauso wie im Privatleben.

## Die Vitalität

Die körperliche Entsprechung des Hirsch-Totems sind die Atmungsorgane sowie Arme und Hände. Ebenso gehören die Nerven zu den Schwachpunkten der Hirsch-Geborenen. Es ist deshalb darauf zu achten, dass Erkältungen gründlich auskuriert werden, damit Bronchien und Lunge nicht in Mitleidenschaft gezogen werden.

Da Hirsch-Geborene oft für mehr „Action“ und Terminstress sorgen, als ihr Nervenkostüm verträgt, ist bewusstes Abschalten und Entspannen besonders wichtig.

# Der kleine Hirsch

Der kleine Hirsch ist ein überaus aktiver, aufgeweckter und lebhafter Sprössling, der für alles um ihn herum aufgeschlossen ist und zwar in einem Maße, das ihn den Umweltreizen zu stark aussetzt. Hier müssen die Eltern ein wenig darauf achten, dass der Nachwuchs hin und wieder zur Ruhe, bzw. zu sich selbst findet. Das gilt besonders für die Schule und das Lernen. Der kleine Hirsch ist zwar ein sehr helles Köpfchen, das über eine bemerkenswerte Wissbegierde und Auffassungsgabe verfügt. Doch hapert es mit Konzentration und Ausdauer. Der kleine Hirsch lernt schnell und gut, aber auch oberflächlich. Dieses Kind müsste gelegentlich dazu angehalten werden, den Lernstoff etwas mehr zu vertiefen.

Die Vorzüge des kleinen Hirsches liegen unter anderem darin, dass er Frohsinn und gute Laune verbreiten kann. Schon im zarten Kindesalter ist er ein glänzender Unterhalter und hat Spaß am Diskutieren. Dieses Bedürfnis (ebenso seine Kontaktfreudigkeit) sollten die Eltern fördern, aber auch darauf achten, dass der kleine Hirsch lernt, seine Gesprächspartner ernster zu nehmen – und sie ausreden zu lassen …

Fantasie und verbale Ausdruckskraft sind beim kleinen Hirsch sehr gut entwickelt. Er liebt spannende Geschichten und notfalls erfindet er auch welche; entsprechende Bücher sollten also im Kinderzimmer nicht fehlen. Am schönsten ist es natürlich, wenn Mami oder Papi vor dem Einschlafen ein paar Seiten daraus vorlesen – und sich noch auf eine kleine Diskussion einlassen, bevor der Spross zur Ruhe kommt. Damit hat er ja, wie wir wissen, seine Schwierigkeiten. So sollten die Geschichten am Abend nicht zu spannend und aufreibend sein – langweilig natürlich auch nicht …

# Der Hirsch *und* seine Partner

### Hirsch und *Falke*

Die Elemente Luft und Feuer können sich gegenseitig ganz schön „einheizen“. So wird sich der Hirsch vom Falken sicherlich gern erobern und verführen lassen. Im Übrigen mischen sich hier Ideenreichtum und dynamische Tatkraft: Was der Hirsch „ausheckt“, kann der Falke realisieren. Unter diesen Umständen gedeiht hier nicht nur die Liebe, sondern auch gemeinsame Projekte und Vorhaben.

### Hirsch und *Hirsch*

Treffen die gleichen Elemente und noch dazu das selbe Zeichen aufeinander, herrscht naturgemäß eine starke Übereinstimmung. In der Tat werden zwei Hirsche sehr viel Spaß miteinander haben und sich gegenseitig beständig anregen. Das ist absolut interessant und aufregend. Andererseits könnte vor lauter geistiger Aktivität und Abwechslung der emotionale und seelische Tiefgang auf der Strecke bleiben …

### Hirsch und *Biber*

Diese beiden Zeichen werden sich zunächst kaum schlaflose Nächte bereiten. Der Hirsch ist „luftig“, also locker und unbekümmert, der Biber bodenständig und dementsprechend fixiert. Die Chance der Ergänzung und Bereicherung resultiert hier aus der Gegensätzlichkeit. Doch eine Garantie für das große Glück gibt es hier nicht. Beide müssen auf jeden Fall dazu bereit sein, Zugeständnisse zu machen.

### Hirsch und *Specht*

Die Elemente Luft (Hirsch) und Wasser (Specht) sind einander fremd. Während der Specht ein gemütliches Nest baut, in der Hoffnung, dass seine Lieben sich darin wohl fühlen, zieht der Hirsch umher – und allzu oft auf und davon … Die große Übereinstimmung ist unter diesen Umständen natürlich eher unwahrscheinlich. Doch der Hirsch hat die Chance, vom Specht einiges über tiefe Gefühle zu lernen.

## Hirsch und *Lachs*

Hirsch und Lachs vertragen sich aufgrund der harmonisierenden Elemente Luft und Feuer recht (bis sehr) gut. Sie lieben (und brauchen) beide ein gewisses Maß an Freiheit und sind für positive Anregungen und Abwechslung gern zu haben. Die Tatsache, dass der Lachs gern die Führung übernimmt, stört den Hirsch nicht sonderlich. Wird's ihm zu bunt, nimmt er einfach mal ein paar Tage frei …

## Hirsch und *Braunbär*

Obwohl der Braunbär eine wertvolle Ergänzung darstellen könnte, wird der Hirsch nicht auf Anhieb in Jubel ausbrechen. Denn die Elemente Luft und Erde sind nicht die ideale Mischung. So könnte der pflichtbewusste und prinzipientreue Braunbär dem Hirsch mehr als einmal den Spaß verderben – und ihn der Oberflächlichkeit bezichtigen … Doch es gibt einen Lichtblick: beide haben einen guten Willen.

## Hirsch und *Rabe*

Hier geben sich wieder zwei Zeichen aus dem Luftelement ein Stelldichein, was eine interessante und anregende Kombination verspricht. Beide Zeichen haben Esprit und eine überaus gesellige Ader. Da bleiben sicher nicht viele Wünsche offen – wenn überhaupt. Lediglich das starke Bedürfnis nach Abwechslung könnte früher oder später in Terminstress ausarten …

## Hirsch und *Schlange*

Bei dieser Mischung kann das Problem darin liegen, dass der Hirsch es vorzieht, die offensichtlichen Dinge des Lebens zu erkunden, während die Schlange die tiefschürfenden und verborgenen Bereiche locken. Da stellt sich die Frage, auf welcher Ebene die Elemente Luft und Wasser sich treffen wollen – auf der geistigen oder auf der seelischen? Im Idealfall auf beiden, doch das ist nicht leicht …

### Hirsch und *Eule*

Abgesehen von einigen Gegensätzen dürften diese beiden Zeichen gut miteinander auskommen. Der Hirsch glaubt an das rationale Wissen, die Eule vermutet hinter dem Wissen Weisheit – und will diese erkennen und verstehen. Lässt der Hirsch sich auf diesen geistigen Tiefgang ein, steht dem Glück kaum etwas im Wege …

### Hirsch und *Gans*

Mit der Gans, die dem Erdelement unterstellt ist, weiß der Hirsch zunächst wohl nicht viel anzufangen. Denn er ist locker, beweglich, zuweilen gar oberflächlich. Die strenge und konzentrierte Wesensart der Gans kann dem Hirsch jedoch als sicheres Fundament dienen – oder aber als Bremsklotz. Das ist hier die große Frage, mit deren Beantwortung sich beide etwas Zeit lassen sollten.

### Hirsch und *Otter*

Der Otter, ebenfalls ein Vertreter des Luftelementes, kommt dem Hirsch wie gerufen. Mit vereinten Kräften können sich diese beiden zu geistigen Höhen aufschwingen, die ihnen neue Dimensionen eröffnen. Allerdings besteht auch die Gefahr des gemeinsamen Abhebens. Daher sollten Hirsch und Otter darauf achten, die „banalen Realitäten" des Lebens nicht völlig außer Acht zu lassen.

### Hirsch und *Wolf*

In dieser Verbindung treffen die Elemente Luft und Wasser zusammen. Das birgt die Gefahr, dass Hirsch und Wolf aneinander vorbeileben, weil sie ihre so unterschiedlichen Bedürfnisse gegenseitig nicht verstehen, geschweige denn unter einen Hut bringen – es sei denn der Hirsch begibt sich, entgegen seiner Gewohnheit, in emotionale Tiefen und der Wolf schwingt sich zur Abwechslung in die Lüfte …

# Der Specht

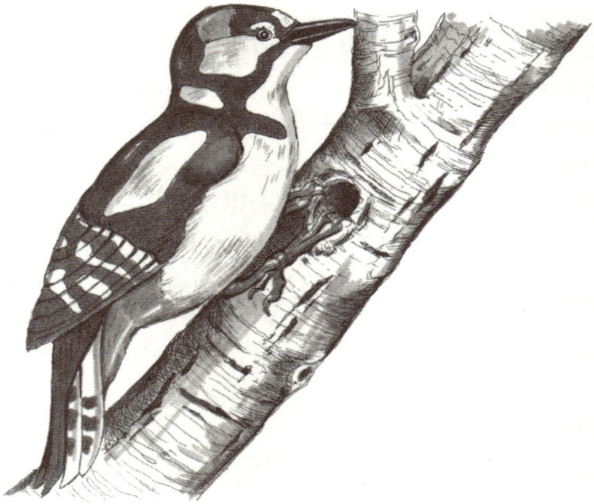

| | |
|---|---|
| **Der Specht:** | ***21.06.–21.07.*** |
| Die Natur: | *Vereinigt sich* |
| Geburts-Totem: | *Specht* |
| Element: | *Wasser* |
| Elemente-Clan: | *Frosch-Clan* |
| Winde: | *Südwinde* |
| Stärken: | *Einfühlsamkeit, Hingabe* |
| Schwächen: | *Launenhaftigkeit* |

# Der Specht 21.06.–21.07.

## Das Totem

Der Specht ist ein bunter Vogel mit einem sehr starken, scharfen Schnabel und ebenso scharfen wie gekrümmten Krallen, damit er an den Bäumen genügend Halt findet. Mit Hilfe des Schnabels erzeugt er ein rhythmisches und nicht zu überhörendes Klopfen, das an den Klang schamanischer Trommeln erinnert. Hauptsächlich „trommelt" der Specht bei der Nahrungssuche und zum Nestbau. Sein Nest ist sehr gemütlich. Schutz und Geborgenheit sind dem Specht-Geborenen daher dringende Bedürfnisse.

## Das Element

Der Specht ist dem Element des Wassers zugeordnet, welches schon seit jeher mit den Emotionen in Verbindung gebracht wird. Intensive Gefühle wollen fließen und sich zerströmen. Doch darüber hinaus schürt das Wasserelement auch die Sensibilität, die bis zur Empfindlichkeit gehen kann. So neigen Specht-Menschen auch zur vorsichtigen Verschlossenheit.

## Der Elemente-Clan

Der Specht gehört dem Frosch-Clan an. Angehörige dieses Clans sollten sich stets gestatten, ihren tiefen Gefühlen Ausdruck zu verleihen und sich bemühen, die eigenen unbewussten Bedürfnisse zu erkennen. Sonst kann es nämlich passieren, dass sich die Emotionen stauen und irgendwann plötzlich unkontrolliert entladen. „Frosch"-Menschen verfügen über ein bemerkenswertes Einfühlungsvermögen sowie über ein beachtliches kreatives Potential. Spechte sind offen für große Inspiration.

## Die Winde

In der Zeit vom 21.06. bis 21.07. kommen die Winde aus Süden – und tragen den Sommer mit sich. Die große Kraft und die wohlige Wärme der Sonne steckt sozusagen als Keim in den Specht-Geborenen, obgleich sie sich dessen oft gar nicht bewusst sind. Denn durch den Einfluss des Wasserelementes neigen sie aus einem seelischen Schutzbedürfnis heraus auch zu Vorsicht und Introvertiertheit. Es ist also eine Frage der Zeit, das „Licht" (= Selbstbewusstsein) im Innern zu entdecken und zuzulassen.

## Das ist typisch für den Specht

Der Specht ist ein sensibler und einfühlsamer Zeitgenosse, der weitesgehend von seinen Emotionen abhängig ist: Ohne Gefühl läuft hier gar nichts. Die seelische Empfänglichkeit sorgt für einen „empfindsamen Kern“, der geschützt werden will; so neigen Specht-Geborene auch dazu, sich vorsichtig abzugrenzen, bis sie Vertrauen in Menschen und Situationen gefasst haben. Erst dann sind sie bereit, sich emotional zu öffnen. Eindrücke, die der Specht sammelt, werden nicht (nur) mit dem Kopf verarbeitet, sie dringen oft bis tief in die Psyche vor – und können dort für Glückseligkeit oder Aufruhr sorgen. So ist das Stimmungsbarometer der Specht-Geborenen nicht selten großen Schwankungen unterworfen.

Um sich zu schützen, spielt der Specht oft den Unnahbaren, obgleich er tief drinnen voller tiefer Gefühle und Empfindungen steckt. Aus eben diesem Grunde sehnt er sich auch nach Geborgenheit und sucht stets die Nähe der ihm vertrauten Menschen. Der Einfluß des Wasserelementes schürt zudem sein Bedürfnis nach Hingabe. Specht-Geborene haben daher das Verlangen, von anderen gebraucht zu werden und so entwickeln sie eine bemerkenswerte Fürsorge für ihre Mitmenschen, speziell für die engsten Familienmitglieder und gute Freunde.

Diese Fürsorge und Hilfsbereitschaft kann aber auch übertrieben werden, nämlich dann, wenn sich dieses Zeichen – wie sein Totem – zu sehr an seinem gewohnten und behaglichen Umfeld (Baum) festklammert. Specht-Geborene sollten zwar ihre häusliche Ader gründlich ausleben, aber auch lernen, die ihm nahe Stehenden nicht zu sehr zu bemuttern.

## Die Liebe

Tief und intensiv sind die Gefühle des Specht-Geborenen. Die Liebe wird sehr ernst genommen. Hingegen sind das Spiel mit dem Feuer, heiße Flirts und amouröse Abenteuer nicht unbedingt Sache des Spechtes. Hat er sich erst einen Partner auserkoren, gibt er sich diesem mit Haut und Haaren hin, ist treu und anhänglich und versucht, seinem Lebensgefährten die Wünsche von den Augen abzulesen – meistens mit großem Erfolg.

Auch in der Partnerschaft brauchen Specht-Geborene Schutz und Geborgenheit. Sie wollen in den Arm genommen, gekost und gestreichelt werden; Zärtlichkeit und Romantik sind für ihn die Basis einer Zweierbeziehung. Allzu stürmische und leidenschaftliche Liebhaber(innen) stoßen ihn eher ab. Harmonie und Erfüllung in der Partnerschaft mit einem Specht hängen nicht zuletzt auch davon ab, ob ungestörte Zweisamkeit ausreichend gewährleistet ist. Denn dieser gefühlvolle Zeitgenosse wünscht sich von seinem Partner natürlich genau das, was er selbst zu geben bereit ist: nämlich ungeteilte Aufmerksamkeit und behutsame Zuwendung. Das große Problem kann seine Empfindlichkeit sein. Specht-Menschen sind schnell gekränkt und reagieren zuweilen übersensibel bis launisch.

## Der Beruf

Menschen, die im Zeichen des Spechtes geboren sind, streben nicht unbedingt die große Karriere an. Ihr Bedürfnis nach Macht, Einflussnahme und gesellschaftlichem Ansehen hält sich in gesunden Grenzen. Specht-Geborene brauchen vor allem eine Arbeit bzw. Aufgabe, die sie innerlich ausfüllt und befriedigt und ein berufliches Umfeld, in dem sie sich wohl fühlen. Eine kleine, solide Firma mit einem freundlichen Chef und netten Mitarbeitern ist genau das Richtige. Das gute Betriebsklima ist besonders wichtig; es darf fast ein bisschen „familiär" sein. Nichtsdestotrotz vermag der Specht nennenswerte Leistungen zu erbringen. Wenn er hinter (s)einer Sache stehen kann, engagiert sich dieses Zeichen mit Leib und Seele – und kein Vorgesetzter möchte diesen wertvollen Mitarbeiter missen …

## Die Vitalität

Abgesehen davon, dass Specht-Geborene gelegentlichen Stimmungsschwankungen unterworfen sind, verfügen sie über eine recht widerstandsfähige Natur. Auf Schmerzen reagiert dieses Zeichen allerdings empfindlicher als andere.

Zu den körperlichen Entsprechungen des Specht-Totems gehören Magen, Brustraum und Brüste. Speziell der Magen kann dem Specht zu schaffen machen, da er dazu neigt, Frust und Ärgernisse runterzuschlucken.

# Der kleine Specht

Der kleine Specht ist von Hause aus ein friedliches und zufriedenes Kind, das nicht ständig um Aufmerksamkeit buhlt. Es kann sich dank seiner reichen Fantasie sehr gut mit sich selbst und den Dingen in seiner Umgebung beschäftigen; die Kreativität dieses Kindes ist es wert, gefördert zu werden. Dennoch muss der kleine Specht das Gefühl haben, dass stets jemand da ist, der sich um ihn kümmert (am liebsten natürlich die Mami), denn kleine Spechte sind äußerst sensibel. Bei diesen zarten Seelchen kann ein hartes Wort tiefe Traurigkeit auslösen – und den Rückzug nach innen. Es ist daher sehr wichtig, dass die Eltern die Erziehung auf einfühlsame und behutsame Weise angehen, damit dieses Kind sich nicht zu sehr verschließt. Konsequenz muss dadurch ja nicht ausgeschlossen sein, übermäßige Strenge wird beim kleinen Specht ohnehin kaum nötig sein. Denn dieser zartbesaitete Nachwuchs hat keinen übertriebenen Dickkopf. Abgesehen davon wird er sich die Zuwendung und Liebe der Eltern keinesfalls verscherzen wollen. Auch die ganz kleinen Spechte verlangen nämlich schon nach sehr viel Schutz und Geborgenheit. Mit ebenso zarter wie fester Hand sollten die Eltern diesen Nachwuchs hegen und pflegen und ihn vor allem dazu ermutigen, sich selbst mehr zuzutrauen. Denn das Selbstbewusstsein ist bei kleinen Spechten nicht sehr stark ausgeprägt, das Durchsetzungsvermögen übrigens auch nicht.

Schule und Lernen können dem kleinen Specht durchaus Freude bereiten, doch es kommt auch sehr darauf an, auf welche Lehrer und Erzieher dieses Kind trifft. Gefühlsbetont, wie der kleine Specht nun einmal ist, wird sein schulisches Engagement sehr stark davon abhängen, ob er seine(n) Lehrer(in) mag oder nicht. Mit zunehmendem Alter, bzw. Reife gibt sich dieses Problem aber mehr oder weniger von selbst.

# Der Specht und seine Partner

## Specht und *Falke*

Die dynamische und spontane Power des Falken kann den sensiblen Specht regelrecht erschrecken. Der Specht wird zwar erfreut feststellen, dass der Falke Talente besitzt, die er selbst nicht hat – und umgekehrt. Doch eine harmonische Ergänzung ist damit noch nicht gewährleistet. Im Gegenteil: Hier müssen viele Differenzen geklärt und überwunden werden.

## Specht und *Biber*

Der Biber ist ein Vertreter des Erdelements und kommt den Interessen, Wünschen und Bedürfnissen des Spechtes mühelos entgegen. Beide Zeichen sind häuslich und fürsorglich, sie werden sich gegenseitig verstehen und verwöhnen. Die stille Kraft, die der beständige Biber ausstrahlt, ist geradezu Balsam für die Specht-Seele. In dieser Beziehung blühen zudem Zärtlichkeit und Romantik.

## Specht und *Hirsch*

Der gefühlsbetonte Specht sehnt sich nach menschlicher Wärme, Geborgenheit und behaglicher Häuslichkeit und das sind leider genau jene Wünsche, bei denen der Hirsch mehr als einmal passen muss, weil er gänzlich anders veranlagt ist. Dieser braucht nämlich viel persönlichen Freiraum, um sein Bedürfnis nach Abwechslung, Kontakten und Kommunikation stillen zu können. So fühlt sich der Specht in dieser Verbindung nicht selten vernachlässigt – und leidet still vor sich hin …

## Specht und *Specht*

Das „doppelte" Wasserelement stellt in dieser Kombination eine starke und intensive Verbindung dar. Specht und Specht verstehen sich aufgrund ihrer Sensibilität und ihres Einfühlungsvermögens auch ohne große Worte. Ihre seelische Übereinstimmung ist beneidenswert. Allerdings könnte es dieser Beziehung an Power fehlen. Doch wen stört das schon?

### Specht und *Lachs*

Der Lachs ist vom Feuerelement beeinflusst und dementsprechend dynamisch bis dominant. Das könnte den Specht zwar zuweilen ein bisschen stören, doch andererseits strahlt der Lachs sehr viel Wärme und Herzlichkeit aus. In diesen starken Gefühlen kann sich der Specht förmlich sonnen. Dafür nimmt er vielleicht sogar in Kauf, dass er sich den Führungsqualitäten das Lachs-Geborenen fügen muss …

### Specht und *Rabe*

Die Luft (Rabe) kann das Wasser zwar bewegen oder sogar aufpeitschen, doch in die Tiefen des nassen Elementes vermag sie nicht vorzudringen. So haben Specht und Rabe vermutlich einige Schwierigkeiten, auf einen gemeinsamen Nenner zu kommen – und ihn zu pflegen. Das Problem besteht vor allem darin, Seele und Geist in Einklang zu bringen. Wenn's gelingt, können beide viel lernen und über sich hinauswachsen.

### Specht und *Braunbär*

Die miteinander harmonisierenden Elemente Wasser und Erde stellen in diesem Fall eine stabile Grundlage für eine erfüllte Beziehung dar. Der Braunbär hat einen Sinn für die Realität sowie praktische Talente und kann so dem Specht eine wertvolle Stütze sein. Umgekehrt vermag der Specht mit seiner sensiblen und gefühlsbetonten Art den Braunbär etwas aufzulockern und aus der Reserve zu locken …

### Specht und *Schlange*

Diese beiden Zeichen sind nicht nur durch das Wasserelement innig verbunden, sondern auch durch perfekte Ergänzung ihrer persönlichen Charakterzüge. Specht und Schlange sind Gefühlsmenschen und daher zu tiefen Empfindungen fähig. Dieses Paar kann eine seelische und auch erotische Übereinstimmung erreichen, von der andere nur träumen …

### Specht und *Eule*

Der Specht braucht Wärme und Geborgenheit. Beides könnte die Eule wohl vermitteln. Das Feuer nämlich, das sie beherrscht, erweist sich als wohltuende und dosierte Glut. Dennoch ist dieses Zeichen recht spontan und beansprucht viel persönliche Freiheit. Auf der Suche nach der großen weiten Welt und den Wahrheiten des Lebens, lässt sie sich nicht gern am häuslichen Herd festbinden. Das könnte ein Problem sein.

### Specht und *Gans*

Obgleich sich die Elemente Wasser und Erde recht gut vertragen, treffen in dieser Kombination einige Gegensätze aufeinander, da die persönlichen Interessen und Bedürfnisse von Specht und Gans sehr unterschiedlich sind. In manchen Punkten ergänzt man sich zwar ganz vortrefflich, doch die Kunst besteht darin, die goldene Mitte zu finden und sich entgegenzukommen – Kompromisse inbegriffen.

### Specht und *Otter*

Zwischen Specht und Otter können ganze Welten liegen. Während der Specht stark auf häusliche, emotionale und seelische Dinge ausgerichtet ist, zieht es den Otter zu geistigen, idealistischen Gefilden hin. Die Frage ist, wo man sich da treffen kann. Beide Partner müssen sich mit sehr viel Toleranz und Nachsicht begegnen, damit kein Frust aufkommt.

### Specht und *Wolf*

Specht und Wolf gehören dem Wasserelement an und sind hochsensibel. Da kann man mit Sicherheit von einer „Ein-Herz-und-eine-Seele-Kombination“ sprechen. In der Tat bleiben dank des stillschweigenden gegenseitigen Verständnisses wohl kaum Wünsche offen.

# Der Lachs

| **Der Lachs:** | *22.07.–21.08.* |
|---:|---|
| Die Natur: | *Lässt die Früchte reifen* |
| Geburts-Totem: | *Lachs* |
| Element: | *Feuer* |
| Elemente-Clan: | *Habichts-Clan* |
| Winde: | *Südwinde* |
| Stärken: | *Selbstbewusstsein, Herzenswärme* |
| Schwächen: | *Stolz, Arroganz* |

# Der Lachs 22.07.–21.08.

## Das Totem

Der Lachs wurde einst als König der Fische bezeichnet und das ist auch kein Wunder. Denn dieses Tier erreicht die stattliche Länge von bis zu 120 Zentimetern und kann es auf über 30 Kilogramm bringen. Zudem bewegt sich der Lachs mit einer Eleganz und Anmut durchs Wasser, die dem Betrachter eine gewisse Bewunderung abringt. Auf seiner langen und zielstrebigen Reise zu den Laichgründen überwindet der Lachs nahezu jedes Hindernis, und das auf spielerische und lautlose, fast würdevoll zu nennende Art und Weise.

## Das Element

Der Lachs ist dem Element des Feuers zugeordnet, welches von innerer Kraft, Leidenschaft und starker, spontaner Antriebskraft zeugt. Die Aussage, „er/sie hat Feuer im Herzen", trifft auf den Lachs durchaus zu. Der Einfluss dieses Elementes drückt sich bei Lachs-Geborenen in wohltuender Herzenswärme und emotionaler Großzügigkeit aus.

## Der Elemente-Clan

Der Lachs gehört dem Habichts-Clan an – ein Clan des Feuerelementes. Die Angehörigen dieses Clans sind offenherzige und dynamische Menschen, die über Ehrgeiz, Tatendrang und Durchsetzungsvermögen verfügen. Doch das Feuerelement kann auch zu Übereifer führen und dazu, dass sich die Mitglieder dieses Clans verausgaben und „ausbrennen". Die Kunst besteht also darin, die lodernde Flamme in stille Glut zu verwandeln, damit die Kraft sinnvoll dosiert und nicht vergeudet wird.

## Die Winde

In der Zeit vom 22.07. bis 21.08. kommen die Winde aus Süden und bringen einen starken Energie- bzw. Lebensstrom mit sich, der die jetzt geborenen Menschen dazu befähigt, schwere und verantwortungsvolle Aufgaben zu übernehmen. Aber im Gegensatz zu anderen Zeichen leidet der Lachs keineswegs darunter, im Gegenteil: Er liebt es, in der ersten Reihe zu stehen, und zu kämpfen. Die Wärme des Rampenlichts entspricht voll und ganz seinem Temperament …

## Das ist typisch für den Lachs

Lachs-Geborene sind das, was man starke Persönlichkeiten nennt. Sie sind von sich überzeugt und geben sich dementsprechend selbstbewusst, fach- und weltmännisch, manchmal auch etwas überlegen. Diese Menschen haben ein großes Herz und eine wohltuende Ausstrahlung, die anderen das Gefühl gibt, sich anlehnen zu können. In der Tat sind Lachs-Geborene gute Beschützer, denn sie sind bereit und in der Lage, die Führung zu übernehmen und die damit verbundene Verantwortung zu tragen. Die dynamische und positive Einstellung zum Leben sowie der Einfluss des Feuerelementes geben diesem Zeichen die nötige Kraft, um die schweren (aber auch lohnenden) Bürden zu tragen – und die entsprechenden beruflichen und gesellschaftlichen Positionen einzunehmen.

Emotional wie auch materiell schöpfen Lachs-Geborene gern aus dem Vollen. Sie dosieren ihre Gefühle gern üppig und gehen auch mit finanziellen Mitteln großzügig um. Dafür erwarten sie dann aber auch, dass man ihnen genügend Beachtung – noch besser: Bewunderung – schenkt. Das ist schließlich das Mindeste, wenn man für andere den Kopf hinhält, Entscheidungen trifft oder die Kastanien aus dem Feuer holt. Den leisen Vorwurf der Anmaßung müssen sich Lachs-Menschen allerdings ab und an gefallen lassen und zwar dann, wenn die angeborenen Führungsqualitäten, die Entschlusskraft und das spontane Urteilsvermögen extreme Blüten treiben. Lachs-Geborene glauben zu wissen, was gut für andere ist. Oft zu Recht. Doch sie sollten sich nicht dazu hinreißen lassen, ihren Mitmenschen die Entscheidungen abzunehmen – oder ihnen persönliche Meinungen und Wertvorstellungen aufzuzwingen.

## Die Liebe

Kühn, mutig und leidenschaftlich nimmt der Lachs nicht nur das Leben, sondern auch die Liebe in Angriff. Die Liebe ist eine Möglichkeit, die starken, stürmischen und intensiven Gefühle unmittelbar zum Ausdruck zu bringen. Der Lachs wirbt sehr aufwendig um die Gunst (s)eines Partners und geizt dabei weder mit Komplimenten, noch schönen Versprechungen oder großzügigen Geschenken.

Lachs-Menschen lieben mit Haut und Haaren; und die Sexualität ist ihnen sehr wichtig. So ist die platonische Liebe ganz gewiss keine Lachs-Erfindung. Denn dieses Zeichen will seinen Partner voll und ganz spüren, auf allen Ebenen, also geistig, seelisch und körperlich. Im Eifer des amourösen Gefechts kann es dem Lachs passieren, dass er vor lauter Leidenschaft und Hingabe vom Partner Besitz ergreift, was der Harmonie nicht immer zuträglich ist. Auch mit der Eifersucht gibt es deshalb manches Problem. Damit der Lachs und sein Lebensgefährte eine erfüllte und glückliche Zweierbeziehung unterhalten können, muss Ersterer etwas mehr Nachsicht und Verständnis entwickeln – oder einen Partner wählen, der sich völlig unterordnet. Das ist allerdings auch nicht der große Liebestraum des Lachses.

## Der Beruf

Es liegt auf der Hand, dass Lachs-Geborene in der Berufs- und Arbeitswelt keinesfalls die unteren Ränge einnehmen. Ein (hoffentlich) gesunder Ehrgeiz, Selbstbewusstsein und Kompetenz treiben sie stets in oberen Etagen. Dort, wo die Fäden gezogen und wichtige Entscheidungen getroffen werden, fühlen sie sich richtig am Platz und, wie schon erwähnt, scheuen sie auch die damit verbundene Verantwortung nicht. Da Lachs-Geborene auch über eine gewisse Risikobereitschaft verfügen, sind sie die mutigen Unternehmer, die etwas aus dem Boden stampfen – und große Projekte ihrer Vollendung zuführen können. Als Vorgesetzte sind Lachs-Menschen hart aber herzlich.

## Die Vitalität

Lachs-Geborene verfügen über eine robuste Konstitution. Ihre Vitalität ist ebenso bemerkenswert wie ihre Lebensfreude (vermutlich resultiert die Erstere aus der Zweiteren). Wenn es mit der Gesundheit überhaupt Probleme gibt, dann meist nur aus dem Grund, dass die Energiereserven wieder einmal überschätzt und Leistungsgrenzen überschritten wurden …

Zu den körperlichen Entsprechungen gehören hier Kreislauf und Blutdruck, die dem Lachs-Geborenen vor allem mit zunehmendem Alter zu schaffen machen können. Auch der Rücken muss als neuralgischer Bereich angesehen werden, der zuweilen der Schonung bedarf.

# Der kleine Lachs

Wie klein der kleine Lachs auch sein mag: er genießt es, wenn Mami und Papi und alle Verwandten großes Aufhebens von ihm machen. Denn früh übt sich, was später einmal im Rampenlicht stehen will. Natürlich revanchiert sich der kleine Lachs auch für die uneingeschränkte Aufmerksamkeit: mit einem so strahlenden Blick und einem glücklichen Kinderlachen, dass es allen warm ums Herz wird …

Trotzdem sollten die Eltern sich nicht zu sehr von diesem süßen Fratz betören lassen, sondern darauf achten, dass er seine Lektionen in Rücksichtnahme, Disziplin und Toleranz lernt. Sonst kann sich dieses Kind zu einem kleinen Haustyrannen entwickeln, der das ganze Familienleben spielend (oder besser schreiend) im Griff hat. Gerechtigkeit ist eine weitere Übung, mit der sich der kleine Lachs auseinandersetzen muss. Ferner sollte er lernen, sein doch recht stark ausgeprägtes Ego hin und wieder zurückzunehmen, damit auch andere in Erscheinung treten und zu ihrem Recht kommen können.

Zum Glück ist aber der kleine Lachs von Hause aus wohlwollend und großzügig seiner Umwelt gegenüber. Er schenkt gern und sorgt häufig schon von sich aus dafür, dass andere nicht zu kurz kommen – obgleich die schönsten Bonbons natürlich für ihn selbst reserviert sind …

Mit den Lehrern hat dieser stolze kleine Zeitgenosse meist keine Probleme, höchstens umgekehrt. Denn selbstbewusst ist er von Kindesbeinen an. Er wird sich nicht davor scheuen, seine Rechte – und die seiner Mitschüler – durchzuboxen. Man kann davon ausgehen, dass auch die Führungsqualitäten des kleinen Lachses bereits blühen, so dass er schnell zum Klassen- oder gar Schulsprecher gewählt wird.

# *Der Lachs und seine Partner*

### Lachs und *Falke*

Hier treffen zwei temperamentvolle und leidenschaftliche Menschen aufeinander, die sich wahrscheinlich auf den ersten Blick sympathisch sind. Auch der zweite wird den gegenseitigen Erwartungen vermutlich gerecht werden und standhalten. Da jedoch beide Partner sehr entschlossen und dominant sind, sollten die Spielregeln zeitig festgelegt werden, um unnötige Differenzen zu vermeiden.

### Lachs und *Biber*

Die Elemente Feuer und Erde könnten in diesem Fall eine Herausforderung darstellen. Lachs und Biber sollten zu einigen Abstrichen und Zugeständnissen bereit sein, um harmonisch miteinander auszukommen. Dummerweise sind beide mitunter recht dickköpfig veranlagt, weshalb das Nachgeben schwer fällt … Wenn es um die Bequemlichkeit und Behaglichkeit geht, ist man sich aber einig.

### Lachs und *Hirsch*

Lachs und Hirsch sind ein munteres Gespann, das sich leicht arrangieren kann. Denn die Elemente Feuer und Luft ergänzen sich hier ebenso gut wie die charakterlichen Anlagen. So üben diese beiden Zeichen eine anregende Wirkung aufeinander aus. Da der Hirsch zudem über eine hohes Maß an Flexibilität und Kompromissbereitschaft verfügt, gibt es mit der dominanten Ader des Lachses kaum Probleme.

### Lachs und *Specht*

Diese beiden Zeichen weisen Gegensätzlichkeiten auf, die nicht von der Hand zu weisen sind. Doch letztlich liegen eben darin die Chancen zu einer befriedigenden Ergänzung. Der Lachs ist die Führerpersönlichkeit mit viel herzlicher Ausstrahlung, ein Mensch, an den man sich anlehnen kann (wenn man nachgiebig ist). Genau das sucht der Specht. Doch muss sich der Lachs um weniger Dominanz bemühen.

### Lachs und *Lachs*

Zwei Lachse unter sich sind ganz gewiss ein starkes Team. Allerdings nur unter der Voraussetzung, dass sie Teamgeist entwickeln – und nicht gegenseitig um die Führung wetteifern. Denn der vom Feuer beherrschte Lachs ist schließlich eine dominante Persönlichkeit. Treffen dann von dieser (edlen und herzlichen) Sorte gleich zwei aufeinander, kann es ganz leicht zu Reibungspunkten kommen.

### Lachs und *Braunbär*

Der Lachs liebt es, wenn man zu ihm aufschaut; der Braunbär ist bereit und fähig, es zu tun. Ob das für eine glückliche und erfüllte Beziehung ausreicht, ist natürlich fraglich. Es sollten sich schon noch weitere übereinstimmende Punkte finden, wobei die Suche danach für beide Zeichen zuweilen etwas mühsam werden könnte. Lachs und Braunbär sollten sich aufmerksam prüfen, bevor sie sich ewig binden …

### Lachs und *Rabe*

Das Luftelement des Raben bringt im wahrsten Sinne des Wortes eine „frische Brise“ in das Lachsleben. Erfreulich ist auch, dass der Rabe keineswegs die Absicht hat, dem Lachs die Führungsrolle abzusprechen. Hier können Geselligkeit und gehobener Lebensstil gemeinsam hinreichend gepflegt werden. Da sind in der Beziehung der Harmonie keine Grenzen gesetzt.

### Lachs und *Schlange*

Da die Schlange sich den unbewussten, unergründlichen und geheimnisvollen Dingen mit besonderer Vorliebe widmet, wird sie dem Lachs zuweilen etwas Unbehagen bereiten. Denn die Schlange hat die Eigenart, wunde Punkte und Schwachstellen aufzuspüren – also hinter die „schönen (Lachs-)Fassaden“ zu blicken. Das wird nicht einfach sein, ein gewisses Misstrauen zu überwinden und eine vertrauensvolle Beziehung aufzubauen.

### Lachs und *Eule*

Mit der Eule ist der Lachs vermutlich schnell auf Du und Du, schließlich sind beide durch das Feuerelement verbunden. Dieser Umstand allein garantiert allerdings noch keine glückliche Beziehung. Die Eule verlangt nämlich auch nach viel Freiheit und Unabhängigkeit, was Vertrauen und Toleranz voraussetzt. Und speziell mit letzterer hat der Lachs manchmal seine kleinen Probleme …

### Lachs und *Gans*

Die Gans kann dem Lachs von ihrer Wesensart her zunächst fremd sein – und es auch bleiben, es sei denn, der Lachs gibt sich die Mühe, die Bedürfnisse der Gans langsam aber sicher zu erforschen und nachzuvollziehen. Diese Mühe würde zwar reich belohnt werden, aber der Lachs wird sie sich aufgrund seiner spontanen Erwartungen und Ansprüche nicht immer geben …

### Lachs und *Otter*

Der Otter ist ein freiheitsliebender, unabhängiger und selbstständiger Zeitgenosse und wird sich nicht ohne tieferes Hinterfragen den Spielregeln des Lachses anpassen. Das kann natürlich zu einigen Spannungen führen. Ob sich diese beiden Zeichen anziehen oder abstoßen, hängt weitgehend davon ab, wie aufnahmefähig und tolerant sie sich gegenüber dem anderen verhalten. Die Gegensätze sind nicht zu leugnen, beinhalten aber auch große Möglichkeiten.

### Lachs und *Wolf*

Der Wolf hat manchmal eine rauhe Schale, aber auch einen weichen Kern. Dieser könnte es dem Lachs antun. Doch so sehr sich der Wolf auch anlehnen möchte, er lässt sich nicht ohne weiteres in die Karten schauen. Es bleibt die Frage, ob der Lachs genügend Geduld und Einfühlungsvermögen aufbringt, um den Wolf zu verstehen …

# Der Braunbär

**Der Braunbär:** *22.08.–21.09.*
Die Natur: *Ruft zur Ernte*
Geburts-Totem: *Braunbär*
Element: *Erde*
Elemente-Clan: *Schildkröten-Clan*
Winde: *Südwinde*
Stärken: *Pflichtbewusstsein*
Schwächen: *Pedanterie, Kritiksucht*

## Das Totem

Die stattliche Größe und die enorme Kraft des Braunbären sollten nicht darüber hinwegtäuschen, dass es sich eigentlich um ein sanftes Tier handelt, solange es nicht in eine lebensbedrohliche Situation gerät. Wie der Mensch, ist auch der Bär imstande, auf zwei Beinen zu gehen und irgendwie macht der Braunbär einen gutmütigen, zufriedenen Eindruck. Fast könnte man ihn für ein vernünftiges und praktisches Wesen halten – vielleicht, weil er so „menschenähnlich“ anmutet? Wie dem auch sei. Auf jeden Fall verfügt der Braunbär über Anpassungsfähigkeit. Denn der Mensch kann ihn zähmen …

## Das Element

Der Braunbär ist dem Element der Erde zugeordnet. Dieses Element symbolisiert Beständigkeit und Verlässlichkeit, steht aber auch für Naturverbundenheit und Sesshaftigkeit. In geordneten, gewohnten Situationen fühlen sich Braunbär-Geborene deshalb am wohlsten, denn sie brauchen einen überschaubaren und kalkulierbaren Rahmen.

## Der Elemente-Clan

Der Braunbär gehört dem Schildkröten-Clan an, der unter dem Einfluss des Erdelementes steht. So haben die Angehörigen dieses Clans unter anderem das Bedürfnis, sesshaft zu sein und Wurzeln zu schlagen, so dass das Leben auf einem stabilen Fundament errichtet werden kann. Daher ist dieser Menschenschlag auch in der Lage, für Sicherheit, Halt und Stabilität zu sorgen. Außerdem ist es wichtig für den Braunbären, einen intensiven Kontakt zur Natur zu unterhalten.

## Die Winde

In der Zeit vom 22.08. bis 21.09. kommen die Winde aus Süden, einer Richtung, die mit der Kraft des Feuers und der Sonne verbunden ist. Doch zu dieser Zeit ist die Hitze des Sommers nicht mehr so intensiv, sondern wird zusehends sanfter. So schöpfen Braunbären einerseits noch aus dem vollen Reichtum der Natur, können andererseits aber auch etwas vorausschauen und sich mit kommenden Möglichkeiten und Entwicklungen analytisch auseinandersetzen.

## Das ist typisch für den Braunbär

Braunbär-Geborene besinnen sich stets gern ihrer (vornehmlich praktischen) Fähigkeiten und wenden diese auch vernünftig und zielstrebig an, um größtmögliche Selbstständigkeit zu erlangen, denn sie verlassen sich nicht gern auf andere. Das hat in der Regel zur Folge, dass diese Menschen zuverlässig und hart arbeiten. Da sie sehr strebsam sind und ihre Ziele systematisch und ausdauernd verfolgen, haben Braunbär-Geborene meist auch einen gut ausgeprägten Sinn für Details.

Braunbär-Menschen sind zurückhaltende und bescheidene Zeitgenossen, die sich nicht gern in den Vordergrund drängen. Sie erledigen ihre Pflicht, weil das eben so sein muss – und zwar gründlich und gewissenhaft. Es kann sogar passieren, dass diese emsigen und unermüdlichen Wesen ihr Licht unter den berühmten Scheffel stellen. Da Braunbären einen festen und überschaubaren Rahmen schätzen, planen sie gern im voraus. Sie hassen es, die Dinge dem Zufall zu überlassen. Tritt dennoch einmal eine unerwartete Situation ein, reagieren sie oft unsicher.

Ein gewisser Hang zur Perfektion lässt sich bei Braunbär-Menschen nicht leugnen. Sie verlangen sich selbst viel ab, zuweilen mehr als sie verkraften können. Das kann schon mal an den Nerven zehren. Anstatt alles zweihundertprozentig zu machen, sollten diese Menschen lernen, auch mal Fünfe gerade sein zu lassen. Mit Kritik gehen Braunbären aus eben diesem Grunde nicht gerade sparsam um. Da sie zuweilen geradezu pedantisch sein können, haben sie an vielen Dingen etwas auszusetzen. Das macht sie nicht gerade sympathisch … Ein bisschen mehr Toleranz ist gefragt.

## Die Liebe

Braunbär-Geborene lieben keine spontanen oder spektakulären Auftritte, sondern ziehen eine beobachtende und abwartende Haltung vor. Auch in der Liebe lässt der Braunbär die Katze, sprich: seine Gefühle, nicht zu schnell aus dem Sack. Denn es fällt ihm ein bisschen schwer, seinen durchaus tiefen und intensiven Empfindungen freien Lauf zu lassen. Dieser emotionalen Zurückhaltung wegen werden diese Menschen oft falsch eingeschätzt. Doch ein Partner, der sich die Zeit nimmt, den Braunbären allmählich kennen zu lernen, wird keinesfalls enttäuscht. Im Gegenteil: Unter der vorsichtigen Oberfläche schlummern nämlich starke, zärtliche und romantische Gefühle und sogar ein Hauch von Leidenschaftlichkeit.

Vor allen Dingen ist der Braunbär-Geborene aber ein Partner, auf den man sich verlassen kann. Das Eheversprechen nimmt er durchaus ernst, ebenso wie den Ausspruch „geteiltes Leid ist halbes Leid". So wird er mit seinem Lebensgefährten keineswegs nur die positiven Seiten der Partnerschaft teilen, sondern auch die schwierigen.

## Der Beruf

Braunbär-Geborene sind fleißige und zuverlässige Arbeiter und da sie zudem über eine gewisse Anpassungsfähigkeit verfügen, werden sie von Vorgesetzten wie auch im Kollegenkreis gleichermaßen geschätzt. Braunbären eignen sich ein fundiertes Wissen an und warten mit präzisen und guten Leistungen auf. Dennoch treibt es sie nicht unbedingt ins Topmanagement oder sonstige hochgradig verantwortungsvolle Positionen. Sie ziehen es vor, im Stillen und Kleinen zu wirken, was einfach ihrer bescheidenen Art entspricht. Abgesehen davon, haben Braunbär-Geborene die Neigung, zu helfen und zu dienen. Man wird sie deshalb relativ häufig in Dienstleistungs- oder heilenden Berufen antreffen.

## Die Vitalität

Das größte Problem der Braunbär-Geborenen kann darin liegen, dass sie sich selbst viele (schöne) Dinge versagen, was zu einer inneren Unzufriedenheit führt. Auch nervlich sind diese Wesen nicht unbedingt sehr belastbar – zumindest dann nicht, wenn sie sich (wieder einmal) mehr aufgeladen haben, als ihre Kondition eigentlich zulässt. Der Braunbär sollte es sich zuweilen gestatten, das Leben leichter zu nehmen.

Körperlich gehören Magen und Verdauungsorgane zu den empfindlichen Bereichen, die besonders auf innere Unzufriedenheit ansprechen. Es wäre daher ratsam, auf eine ausgewogene Ernährung zu achten. Im Übrigen sorgt sich der Braunbär oft unnötig um seine Gesundheit …

# Der kleine Braunbär

Auch der kleine Braunbär ist bescheiden und genügsam und als braves und „pflegeleichtes“ Kind ist er geradezu ein Geschenk des Himmels – zumindest für Eltern mit schwachen Nerven. Dieses Kind mag nicht gern anecken und ist deshalb relativ anpassungsfähig. Zur gesunden Entwicklung braucht es vor allem einen abgesteckten Rahmen, geregelte Abläufe und überhaupt das, was man „geordnete Verhältnisse“ nennt.

Da die pflichtbewusste Ader des kleinen Braunbären schon früh zu pulsieren beginnt, kann man ihm kleine und kindgerechte Aufgaben übertragen, die er gern (und gut) erfüllt. Doch die Eltern sollten bei diesem Nachwuchs auch besonders darauf achten, dass die spielerische Seite nicht zu kurz kommt. Sonst ist der kleine Braunbär womöglich kein Kind mehr, sondern ein kleiner Erwachsener.

Wie die großen, neigen auch die kleinen Braunbären dazu, ihre Fähigkeiten und Qualitäten in ein allzu bescheidenes Licht zu rücken. Daher sollten die Eltern durch viel Ermunterung und Lob das Selbstwertgefühl dieses Kindes kräftigen. Auch sollten sie dafür sorgen, dass dieser Zögling seinen eigenen Gefühlen mehr Vertrauen schenkt, er könnte sonst eine gewisse Kopflastigkeit entwickeln.

Apropos Kopf: Der kleine Braunbär ist wissbegierig und sehr lernwillig. Die Schulzeit wird deshalb nicht die geringsten Probleme mit sich bringen, da dieses Kind das Lernen weniger als Last, sondern vielmehr als Lust empfindet. Denn Wissen kann irgendwann Macht sein, zumindest aber ist es die Voraussetzung dafür, den späteren Beruf mit Können und Köpfchen auszufüllen. Mit Autoritäten hat der kleine Braunbär keine Probleme – nehmen sie ihm doch die Entscheidungen ab, die er selbst nicht immer gern trifft.

# Der Braunbär und seine Partner

### Braunbär und *Falke*

Der erdverbundene Braunbär lebt gern in geregelten Verhältnissen und eher ruhigen und rhythmischen Bahnen. Doch wenn der vom Feuer beherrschte Falke auftaucht, ist es damit wahrscheinlich vorbei. Dieses dynamische Kraftpaket bringt mehr Power und Schwung in das Braunbär-Leben als diesem lieb ist. Unter diesen Umständen will die Harmonie erarbeitet werden.

### Braunbär und *Biber*

Diese beiden Zeichen sind dem Erdelement zugeordnet, ein Umstand, der für gewöhnlich eine Übereinstimmung in grundlegenden Fragen und Bedürfnissen gewährleistet. Der arbeitsame und pflichtbewusste Braunbär findet im Biber einen verlässlichen und treuen Partner – und einen Lebensgefährten, der ihm die schönen Seiten des Lebens schmackhaft macht.

### Braunbär und *Hirsch*

Der Hirsch kann aufgrund seiner Vielseitigkeit und geistigen Aktivität schon mal Unruhe verbreiten, zumindest wird der beständige, ausgewogene und praktische Braunbär es so empfinden. Diese beiden kommen vermutlich nur schwer auf einen gemeinsamen Nenner. Am leichtesten könnte es auf verbaler Ebene klappen. Daher sind hier intensive Gespräche sehr förderlich.

### Braunbär und *Specht*

Braunbär und Specht verbinden sich auf der Elemente-Basis von Erde und Wasser. Sie ergänzen und verstehen sich meist ohne nennenswerte Schwierigkeiten: der Braunbär sorgt für den stabilen Rahmen, der Specht schafft mit seiner Sensibilität und emotionalen Hingabe eine vertrauensvolle Grundlage. So kommen beide Zeichen auf ihre Kosten, indem sie sich bereichern.

## Braunbär und *Lachs*

Durch den Einfluss des Feuerelementes verfügt der Lachs über Gefühle und eine herzliche Ausstrahlung. Das kann dem Braunbären durchaus gefallen. Allerdings stellt der Lachs auch sehr hohe Ansprüche an das Leben und die Liebe (bzw. den Partner), wofür der zurückhaltende und bescheidene Braunbär nicht immer genügend Verständnis aufbringen wird. Die Meinungen und Vorstellungen dieser beiden können weit auseinandergehen. Mit einigen Kompromissen könnte es klappen.

## Braunbär und *Braunbär*

Gleich und gleich gesellt sich bekanntlich gern. In diesem Fall gilt das ganz gewiss. Das Erdelement, in dem beide zu Hause sind, stellt eine solide Beziehungsgrundlage dar; naturgemäß ähneln sich hier auch die Neigungen und Interessen. Jedoch könnte es in dieser Verbindung mit der emotionalen Spontaneität hapern, da beide dazu neigen, Gefühle zu sparsam zu dosieren.

## Braunbär und *Rabe*

Der Braunbär steht gern mit beiden Beinen auf dem festen Boden der Tatsachen. Zwar ist er kein ausgesprochener Einzelgänger, doch liebt er die Häuslichkeit und eine gewisse Zurückgezogenheit. Dafür hat der Rabe nicht immer Verständnis, denn er schätzt die Abwechslung und vor allem auch die Geselligkeit. Wenn der Braunbär etwas mehr Flexibilität entwickelt und der Rabe manchmal auf einen Termin verzichten kann, wäre die Ergänzung jedoch nicht schlecht.

## Braunbär und *Schlange*

Der Braunbär wird sich von der Schlange vermutlich gern aus der Fassung bringen lassen, denn dieses vom Wasserelement geprägte und sehr gefühlsbetonte Zeichen versteht es, den Braunbären emotional aus der Reserve zu locken, während die zuweilen recht stark ausgeprägte Unnahbarkeit des Braunbären für sie eine regelrecht willkommene Herausforderung ist.

### Braunbär und *Eule*

Der erdverbundene Braunbär ist mit den Gegebenheiten und Realitäten des Lebens zwar nicht immer einverstanden, kann diese aber zumindest respektieren, wohingegen die Eule genau damit große Schwierigkeiten hat. Denn sie sucht stets nach der Superlative. Da wird es mit der gegenseitigen Übereinstimmung und partnerschaftlichen Harmonie gewiss manches Problem geben.

### Braunbär und *Otter*

Braunbär und Otter leben auf verschiedenen Ebenen, da die Elemente Erde und Luft vom Hause aus gewisse Verständigungsschwierigkeiten bescheren. Der Braunbär will die Welt erhalten und stabilisieren, der Otter will sie verändern und reformieren. Die Ausgangspunkte dieser beiden sind also sehr verschieden. Auf verbaler bzw. geistiger Ebene ist jedoch eine Annäherung gut möglich.

### Braunbär und *Gans*

Mit der Gans ist das hingegen nicht zu befürchten, im Gegenteil. Dieses Zeichen ist, ebenso wie der Braunbär, vom Erdelement geprägt und dementsprechend solide, beständig und ruhig und kraftvoll veranlagt. Gans und Braunbär funken also auf der gleichen Wellenlänge. Allerdings sehen sie das Leben häufig ernster als es nötig wäre. Braunbär und Gans sollten deshalb aufpassen, dass Freude und Zuversicht nicht zu kurz kommen.

### Braunbär und *Wolf*

Obwohl sich hier die Elemente Erde und Wasser gegenseitig befruchten könnten, ist in dieser Verbindung auch mit einigen Spannungen zu rechnen – speziell deshalb, weil der Braunbär vorzugsweise kopfbetont lebt, der Wolf hingegen seinen Gefühlen den Vorrang gibt und sich auf Instinkt und Intuition verlässt, was dem Braunbär oft suspekt ist.

# Der Rabe

| | |
|---|---|
| **Der Rabe:** | *22.09.–22.10.* |
| Die Natur: | *Tritt ihren Rückzug an* |
| Geburts-Totem: | *Rabe* |
| Element: | *Luft* |
| Elemente-Clan: | *Schmetterlings-Clan* |
| Winde: | *Westwinde* |
| Stärken: | *Kooperation, Diplomatie* |
| Schwächen: | *Unentschlossenheit, Leichtgläubigkeit* |

## Das Totem

Der kräftige, schwarz gefiederte Rabe mit seinem großen Schnabel und den kräftigen Beinen ist sehr anpassungsfähig und kommt praktisch überall zurecht. Üblicherweise gehen Raben zu zweit oder in Gruppen auf Nahrungssuche und teilen sich sogar eine gemeinsame Schlafstätte, zumindest im Winter. Der „Weiße Mann" hält den Raben oft für eine Plage, doch für die Indianer stellt er ein ausgleichendes Prinzip der Natur dar, da dieser Vogel unter anderem auch Aas frisst. Der Rabe ist intelligent und fähig, sich sowohl in den Lüften wie auch auf dem Boden sicher zu bewegen.

## Das Element

Der Rabe ist dem Element der Luft zugeordnet. Die Luft, die wir atmen, die uns am Leben hält und die uns mit der Umwelt „verbindet", kann unterschiedlicher Qualität sein: mild, frisch oder windig bis stürmisch. In erster Linie gilt die Luft jedoch als verbindendes Element, weshalb auch Rabe-Geborene alles andere als Einzelgänger, sondern gesellige und freundliche Menschen sind.

## Der Elemente-Clan

Der Rabe gehört dem Schmetterlings-Clan an, der dem Luftelement zugeordnet ist. So sind die Angehörigen dieses Clans für gewöhnlich Menschen, die stets und ständig in Bewegung sind – und das nicht nur körperlich, sondern auch geistig. Diese mentalen Aktivitäten bringen interessante Ideen und Gespräche hervor, weswegen diese Menschen auf ihre Umwelt sehr anregend wirken. Da alles in Bewegung bleiben muss, forcieren sie auch gern Veränderungen.

## Die Winde

In der Zeit vom 22.09. bis 22.10. kommen die Winde aus Westen und bringen eine gewisse Klärung mit sich. Sie lassen nicht nur die Blätter fallen, die Westwinde sind auch Symbol für Nachdenklichkeit und Einkehr. Übertragen auf ein menschliches Leben bedeuten diese Winde die mittleren Lebensjahre, also eine Phase, in der man Bilanz zieht und reifere Überlegungen anstellt.

## Das ist typisch für den Raben

Rabe-Geborene legen großen Wert auf ein harmonisches und friedliches Miteinander, weshalb sie in der Regel auch über diplomatisches Geschick und eine recht entgegenkommende Wesensart verfügen. Der Sinn für Gerechtigkeit ist bei diesen Menschen stark ausgeprägt. So können sie mit den vorbeschriebenen Qualitäten in strittigen und schwierigen Situationen sehr gut vermitteln.

Im Zeichen des Raben Geborene mögen das Alleinsein überhaupt nicht. Vielmehr fühlen sie sich in Gruppen und Gemeinschaften wohl und sicher. Auch die Konfrontation schätzen diese Wesen ganz und gar nicht und gehen deshalb Streitigkeiten und heiklen Situationen lieber aus dem Weg. Rabe-Menschen sind stets bemüht, beide Seiten einer Medaille zu sehen und sind sozusagen Weltmeister im Abwägen. Das kann jedoch dazu führen, dass sie sich nicht spontan für eine bestimmte Sache, Meinung usw. entscheiden können – und so die eine oder andere günstige Gelegenheit verpassen. Zudem neigen Raben dazu, sich beeinflussen lassen.

Rabe-Geborene haben meist einen Sinn für Schönheit und Ästhetik, nicht selten auch selbst künstlerische und musische Begabungen. Eine gepflegte bis elegante Erscheinung ist ihnen wichtig. Allerdings besteht zuweilen die Tendenz, Äußerlichkeiten zuviel Bedeutung beizumessen. So schaut der Rabe sich zwar die Vorder- und Rückseite von Menschen und Dingen, die ihn umgeben, recht genau an, doch wie es „innen" aussieht, erforscht er nicht immer so genau.

## Die Liebe

Der Rabe ist stets um Gesellschaft bemüht und braucht deshalb Beziehungen mehr als manch anderes Zeichen. Sich dem Partner hinzuwenden und in einer Partnerschaft aufzugehen, ist für diese Menschen ein wichtiger Schlüssel zum Glück. Charmant und gefällig, wie Rabe-Geborene nun einmal sind, fällt es ihnen nicht sonderlich schwer, das andere Geschlecht zu verführen. Sie verstehen halt die Kunst zu leben – und zu lieben. So gehört das Flirten mit Sicherheit zu den Lieblingsbeschäftigungen des Raben.

Es lebe also die Liebe und die Zweierbeziehung! Das Single-Dasein ist jedenfalls keine Rabe-Erfindung. Diese Menschen leiden meist sehr darunter, wenn sie zu lange allein sein müssen. Deshalb werden sie all ihre Liebenswürdigkeit aufbieten, um dem Partner zu gefallen, ihn zu halten und Differenzen zu vermeiden. Denn auch in Herzensangelegenheiten wünschen sich Rabe-Geborene vor allen Dingen Harmonie und Einklang, was jedoch nicht heißt, dass sich diese Menschen dem Partner völlig unterwerfen. Sie haben durchaus ihren eigenen Kopf und darüber hinaus auch das Bedürfnis nach Abwechslung und Geselligkeit.

## Der Beruf

Da Rabe-Geborene sehr kooperativ und entgegenkommend sind, werden sie im Beruf sicher nicht den Einzelkämpfer spielen, sondern in einer Gruppe bzw. einem Team arbeiten wollen. Diese Menschen tragen durch ihr ausgleichendes Wesen in hohem Maße zu einem angenehmen Betriebsklima bei. Jedoch könnte es manchmal nicht schaden, wenn der Rabe seine Interessen etwas dynamischer und energischer vertreten würde. Ob seiner Neigung zu den kreativen und schönen Dingen des Lebens fühlt sich der Rabe in Berufen sehr wohl, die diese Kriterien erfüllen. Mode, Kunst und Antiquitäten mögen bevorzugte Branchen sein, doch auch als Architekten oder Ingenieure wird man viele Rabe-Geborene antreffen.

## Die Vitalität

Obgleich der Rabe-Geborene stets um Ausgewogenheit und Harmonie bemüht ist, kann es ihm schwerfallen, Maß zu halten – speziell was die angenehmen Dinge des Lebens betrifft. So besteht mitunter die Neigung, sich den weltlichen Genüssen allzu intensiv und häufig hinzugeben, was natürlich der Gesundheit schadet. Die dem Raben zugeordneten Nieren können darauf entsprechend empfindlich reagieren.

Rabe-Geborene sollten sich mit maßvollen, aber konsequenten sportlichen Aktivitäten fit und beweglich halten. Besonders die Stärkung des Rücken- und Beckenbereiches kann ihnen helfen, (nicht nur) das körperliche Gleichgewicht zu halten.

## Der kleine Rabe

Selbst der kleine Rabe legt schon einen Stil und einen Charme an den Tag, der seine Umwelt schlichtweg entzückt. Dieses Kind braucht in der Regel keine Wut- oder Trotzanfälle, um seine Wünsche und Bedürfnisse durchzusetzen. Es lächelt umwerfend – und bekommt, was es will … Und weil kleine Raben Disharmonien ebenso hassen wie die großen, werden sie ihren Eltern, Lehrern und Erziehern für gewöhnlich keine besonderen Schwierigkeiten machen.

Es gibt allerdings etwas, das dem kleinen Raben selbst Schwierigkeiten macht: nämlich konkrete und verbindliche Entscheidungen zu treffen. Egal, ob es darum geht, wann die Schularbeiten gemacht werden oder welchen Pullover man nun anzieht – der kleine Rabe braucht ein gehöriges Maß an Zeit, um sich in den kleinen, alltäglichen Dingen festzulegen. Das kann schon mal an den elterlichen Nerven zehren und manchmal tun diese ihrem Kind sogar den größten Gefallen, wenn sie es nicht vor die Wahl stellen, sondern einfach bestimmen, wo es lang geht. Selbstverständlich sollte das nicht zu häufig der Fall sein, denn schließlich muss dieser kleine Sprössling ja irgendwann lernen, sich für oder gegen eine Sache zu entscheiden.

Ähnliches gilt auch für sein ausgeprägtes Harmoniebedürfnis, denn von der Anlage her scheut der kleine Rabe die offene Konfrontation und wird daher stets bemüht sein, es allen recht zu machen. Aber das funktioniert leider nicht immer. Dieses Kind muss früher oder später begreifen, dass man nicht immer zwei Seiten abwägen kann, sondern auch mal Stellung beziehen und lernen muss, für persönliche Bedürfnisse und Interessen geradezustehen – und nicht ja zu sagen, wenn es eigentlich nein meint …

# Der Rabe und seine Partner

## Rabe und *Falke*

Rabe und Falke stehen sich nicht selten etwas zwiespältig gegenüber. Obgleich sich die Elemente Luft und Feuer recht gut ergänzen können, sind hier die charakterlichen Neigungen sehr gegensätzlich. Harmonie wird sich da nicht so schnell einstellen, weil es vor allem beim Falken an Entgegenkommen und Kompromissbereitschaft mangelt. So wird der Rabe vielleicht mehr Zugeständnisse machen als ihm lieb ist – und Frust kann die Folge sein.

## Rabe und *Biber*

Mit dem Biber gibt es auf Anhieb nicht allzu viele gemeinsame Ansatzpunkte. So kann es ein Weilchen dauern, bis man sich gegenseitig sympathisch findet. Der Rabe hat seinem Luftelement entsprechend das Bedürfnis nach Abwechslung, Anregung und Vielseitigkeit, der Biber ruht dagegen mehr in sich selbst – und bleibt in seinen behaglichen vier Wänden.

## Rabe und *Hirsch*

Das Luftelement ist in dieser Kombination eine gute Basis, die verbindet und ergänzt. Beide Zeichen schreiben geistige und gesellige Aktivitäten sehr groß. Kommunikation und intensiver Meinungsaustausch stehen hoch im Kurs. In dieser Beziehung kann man Langeweile wohl ausschließen, die Unternehmungslust dieser beiden kann eher in Terminstress ausarten … Doch was soll's? Auf diese Weise fühlen sich Rabe und Hirsch eben wohl – und verbunden.

## Rabe und *Specht*

Gegensätze ziehen sich an. Diese alte Volksweisheit passt auf die Verbindung Rabe-Specht ganz gewiss. Doch ob sie sich auch vertragen? Sicher nicht auf Anhieb. Eher ist es eine Frage des guten Willens (und der Zeit), bis ein harmonisches Miteinander möglich ist. Trotzdem: diese Beziehung besteht aus vielen Kompromissen …

### Rabe und *Lachs*

Rabe und Lachs können eine vielversprechende Verbindung eingehen, denn die Elemente Luft und Feuer passen normalerweise gut zusammen. An den „starken“ Lachs kann der Rabe sich anlehnen (wenn er will) und umgekehrt wird sich der Lachs für die gesellige und kultivierte Lebensart des Raben begeistern. Kurzum: hier läuft fast alles wie von selbst.

### Rabe und *Braunbär*

Der Braunbär hat ein gemäßigtes Temperament und ein beständiges Naturell. Er liebt feste Spielregeln, einen gesicherten Rahmen und den gewohnten Rhythmus. Höchstwahrscheinlich schränkt das den Raben jedoch in seinen persönlichen Neigungen und Interessen ein. Denn er schätzt Beweglichkeit und Veränderungen – sowie die schönen Dinge des Lebens. Missverständnisse sind deshalb in dieser Beziehung vorprogrammiert.

### Rabe und *Rabe*

Zwei Raben werden im wahrsten Sinne des Wortes aufeinander „fliegen“. Sie gehören dem Luftelement an und brauchen daher viele an- und aufregende Impulse, Abwechslung und Unterhaltung. Da beide sozusagen gleich gepolt sind, werden sie sich ihre Bedürfnisse gegenseitig nahezu automatisch erfüllen. Nur mit emotionalen und seelischen Tiefen dürfte es ein wenig hapern – und die Gefühle im Kopf stecken bleiben.

### Rabe und *Schlange*

Der Rabe ist ein freundlicher und entgegenkommender Zeitgenosse, der stets um Ausgleich bemüht ist. So kommt es, dass er zu verschiedenen Zeiten unterschiedliche Standpunkte vertreten kann. Die Schlange neigt hingegen dazu, an ihren Meinungen festzuhalten. So können sich hier die Gemüter aneinander reiben – zumal die Schlange zuweilen auch dann in die tiefen psychischen Bereiche vordringen möchte, wenn es dem Raben gar nicht angenehm ist …

## Rabe und *Eule*

Rabe und Eule werden sich nicht nur deshalb gut verstehen, weil sich die Elemente Luft und Feuer treffen. Es gibt auch sonst einige vielversprechende Ansatzpunkte und Übereinstimmungen, die auf eine harmonische Beziehung erwarten lassen. Besonders kommt der Eule das diplomatische Geschick und die Toleranz des Raben entgegen, denn genau das sucht sie in der Partnerschaft – unter anderem …

## Rabe und *Gans*

Wenn Rabe und Gans sich ein Stelldichein geben, könnte der ersehnte „Kick“ zunächst ausbleiben. Denn die Charaktere dieser beiden unterscheiden sich gänzlich. Die Leichtigkeit des Raben ist der Gans unverständlich. Sie führt ihr Leben nämlich auf ernste, strenge und enthaltsame Weise. Von der Beweglichkeit des Raben könnte sie jedoch einiges lernen. Umgekehrt dürfte sich der Rabe an der Gans-typischen Konzentration und Konsequenz ein Beispiel nehmen.

## Rabe und *Otter*

Wie immer, wenn zwei Zeichen demselben Element angehören, stimmt die Frequenz. So funken auch Rabe und Otter auf der gleichen Wellenlänge. Der idealistische und einfallsreiche Otter kann für jene anregenden Impulse sorgen, nach denen der Rabe sich sehnt. Der Otter findet seinerseits im Raben einen Partner, der sich für seine Pläne begeistert und diese unterstützt.

## Rabe und *Wolf*

Rabe und Wolf werden vermutlich einige Anlaufzeit benötigen, um sich gegenseitig zu respektieren und zu verstehen – wenn sie es überhaupt schaffen. Das größte Problem könnte darin bestehen, dass der Rabe sich emotional zuweilen etwas unbeteiligt gibt – und der Wolf dann in seine Traumwelt abtaucht …

# Die Schlange

| | |
|---|---|
| **Die Schlange:** | *23.10.–22.11.* |
| Die Natur: | *Stirbt und wandelt sich* |
| Geburts-Totem: | *Schlange* |
| Element: | *Wasser* |
| Elemente-Clan: | *Frosch-Clan* |
| Winde: | *Westwinde* |
| Stärken: | *Entschlossenheit* |
| Schwächen: | *Kompromisslosigkeit* |

## Das Totem

Die Schlange wird in unseren Breitengraden oft mit Abscheu betrachtet. Doch viele alte Völker bringen diesem Reptil großen Respekt entgegen. Für sie ist die Schlange vor allem Symbol für Transformation und Erneuerung; denn sie hat die Fähigkeit, ihre Haut immer wieder abzustreifen und in einem neuen Gewand (in neuer Gestalt) zu erscheinen. Die Schlange wurde außerdem als Hüterin der Mysterien des Lebens betrachtet, die die geheimen Weisheitslehren vor dem Zugriff jener bewahrte, die dafür nicht reif genug waren. Der durchdringende, hypnotische Blick ist typisch für die Schlange.

## Das Element

Die Schlange ist dem Element des Wassers zugeordnet, jenem Element, das tiefe Emotionen und unbewusste, seelische Bedürfnisse symbolisiert. So verfügen Schlange-Geborene über eine scharfe Beobachtungsgabe und gleichzeitig über die Fähigkeit, in die psychischen Unter- und Abgründe der Menschen zu schauen.

## Der Elemente-Clan

Die Schlange gehört dem Frosch-Clan an, der mit dem Wasserelement in Verbindung steht. Angehörige dieses Clans sind Menschen, die zu sehr tiefen und intensiven Gefühlen fähig sind. Zu ihren Stärken gehören auch Weitblick und Intuition. Meist bleibt es ihnen nicht verborgen, was in anderen Menschen vorgeht. Falls doch, bohren sie solange nach, bis sie es herausgefunden haben. Das macht sie zu „Seelenexperten", aber nicht immer sympathisch …

## Die Winde

In der Zeit vom 23.10. bis 22.11. kommen die Winde aus Westen. Die Westwinde bringen die Notwendigkeit der Einkehr und der Verinnerlichung mit sich. Die Kräfte der Natur, bzw. des Lebens drängen nun nicht mehr nach außen, sondern nach innen, in psychische und spirituelle Bereiche. Das Verborgene und Geheimnisvolle will erkannt und entschleiert werden. So sind Schlange-Geborene durchaus realistische Menschen.

## *Das ist typisch für die Schlange*

Schlange-Geborene haben, wie ihr Totem, den „magischen Blick" und sind oft von geheimnisvoller und unergründlicher Wesensart. Das macht sie faszinierend, aber auch anziehend und abstoßend zugleich. Schlange-Menschen wollen mehr wissen, als sie mit den Augen sehen können. Deshalb sind sie auch die geborenen Forscher. Jedoch richtet sich ihr Interesse nicht unbedingt auf wissenschaftliche Dinge, sondern auch auf psychische, mystische und magische. Menschen und Situationen, die unklar, verworren und undurchsichtig sind, reizen die Schlange ganz besonders. Sie wird dem Geheimnis auf den Grund gehen, bis es gelüftet ist.

Schlange-Geborene sind zudem sehr ehrgeizige, entschlossene und ausdauernde Zeitgenossen, die ihre Ziele ebenso beharrlich wie konsequent verfolgen. Sie geben niemals auf – selbst dann nicht, wenn sie sich bis an die Grenzen ihrer Belastbarkeit herangewagt haben – und zuweilen sogar darüber hinaus. Diese Menschen schonen weder sich selbst noch andere, was den Umgang mit ihnen manchmal anstrengend bis schwierig macht. Andererseits wird man von einem Schlange-Geborenen auch dann auf handfeste Unterstützung rechnen können, wenn andere schon längst das Handtuch geworfen haben.

Schlange-Menschen sind wahre Stehaufmännchen und leben deshalb zwischen den Extremen. Sie können sich zu beachtlichen Höhen aufschwingen, aber auch tief hinab in ihre Untergründe sinken. Man traut ihnen die Fähigkeit zu, Himmel und Hölle zu verbinden … Mit ihrer scharfen Beobachtungsgabe bringen sie die Dinge auf den Punkt.

## *Die Liebe*

Es liegt auf der Hand, dass die Gefühle der Schlange höchst intensiv sind – und ihre Liebe abgrundtief. Doch offenbart sie ihre Liebe nur sehr zögerlich, was recht hohe Anforderungen an den Partner stellt. Denn dieser muss viel Geduld aufbringen und die Spannung solange ertragen, bis die Schlange soweit ist. Dann allerdings kann die Liebe geradezu leidenschaftliche bis ekstatische Formen annehmen.

Schlange-Geborene sind im übrigen sehr verlässliche Partner, die mit dem Lebensgefährten buchstäblich durch die Höhen und Tiefen hindurchgehen. Das Eheversprechen „bis dass der Tod euch scheidet“ nehmen sie sehr wörtlich. Wie ihr Totem, verzehren Schlange-Menschen ihr (Liebes-) Opfer mit Haut und Haaren ... So kommt es, dass man ihnen nachsagt, sie seien Besitz ergreifend und eifersüchtig. In der Tat ist diese Neigung meist nicht zu übersehen. Zuweilen belastet sie die Partnerschaft und trübt die Harmonie. Die Schlange müsste etwas mehr Toleranz entwickeln und lernen, loszulassen, damit Liebe und Leidenschaft nicht zur Frustquelle werden ...

## *Der Beruf*

Schlange-Geborene setzen sich für ihre beruflichen Ziele und Vorhaben vorbehaltlos ein. Denn sie verfügen über einen starken Ehrgeiz, Durchsetzungsvermögen und in der Regel über ausgezeichnete fachliche Kompetenz, weil sie sich engagiert in jede Materie „reinknien“. Schlange-Menschen sind weder bequeme Mitarbeiter noch Vorgesetzte, da sie mit tödlicher Sicherheit die Schwachstellen im System finden – und ausmerzen.

Im Eifer des Gefechts könnte die Schlange schon mal geneigt sein, die Ellenbogen einzusetzen oder mit „unlauteren Mitteln“ zu kämpfen. Doch für gewöhnlich machen Können und Köpfchen solche Maßnahmen überflüssig. In forschenden Berufen fühlt sich die Schlange besonders wohl.

## *Die Vitalität*

Es kann passieren, dass die Schlange ihre Emotionen extrem kontrolliert und zurückhält. Dadurch stauen sich starke Energien auf, die sich gegen die eigene Vitalität richten können, und die speziell Magen und Darm belasten – vor allem dann, wenn auch noch Stress im Spiel ist. Schlange-Geborene sollten darauf achten, ihre Energien freier und spontaner fließen zu lassen, damit keine Blockaden entstehen, die unter anderem auch die Aggressivität fördern.

# Die kleine Schlange

Die kleine Schlange entwickelt schon ziemlich früh das, was man eine starke Persönlichkeit nennt. Dieses Kind ist recht aktiv, interessiert und sehr wissbegierig. Die kleine Schlange beginnt sehr rasch das Leben zu erforschen und Grenzen auszutesten. Es experimentiert mit seinem Spielzeug, mit sich selbst und vor allem auch mit den Eltern – ein Umstand, der einerseits eine große erzieherische Herausforderung darstellt, andererseits aber nicht immer ungefährlich ist. Messer, Gabel, Schere und Licht sollten deshalb rechtzeitig und solange in Sicherheit gebracht werden, bis der Sprössling groß und vernünftig genug ist, um damit in angemessener Weise umzugehen.

Die Schule und das Lernen können der kleinen Schlange durchaus Freude bereiten. Denn hier bietet sich die Möglichkeit, viel zu erfahren. Allerdings werden die Lehrer auf manch unbequeme Frage eine Antwort schuldig bleiben müssen. Dieses Kind interessiert sich schließlich für mehr als nur das Abc oder das Einmaleins. Sollten Ungerechtigkeiten auftreten, zeigt sich die kleine Schlange von ihrer tatkräftigen und engagierten Seite. Nicht nur für sich selbst, sondern auch für die Mitschüler nimmt dieses Kind dann eine kämpferische Haltung ein – und schafft die „Missstände" aus der Welt. So entwickelt sich die kleine Schlange nicht selten zum Anführer, Klassensprecher usw.

Dieses Kind ist in jedem Fall selbstständig und lebenstüchtig; es wird seinen Weg finden. In der Pubertät können allerdings mit der erwachenden Sexualität gewisse Schwierigkeiten auftreten. Die heranwachsende Schlange könnte diese neue Dimension des Lebens allzu intensiv erforschen wollen. Da ist es wichtig, dass die kleine Schlange lernt, mit dieser neuen Erfahrung behutsam umzugehen.

# *Die Schlange und ihre Partner*

## Schlange und *Falke*

Die Schlange ist ein tiefschürfender Mensch mit intensiven bis leidenschaftlichen Gefühlen. Ebenso brennt im Falken ein Feuer, das ihn mit starken Emotionen und großer Leidenschaft segnet. Das sieht nach totaler Übereinstimmung aus, doch die Sache hat einen kleinen Haken: Die Schlange fühlt ganz tief drinnen in ihrer Seele, während der Falke seine Emotionen sehr spontan, nach außen gerichtet auslebt. Doch hier funkt es …

## Schlange und *Biber*

Schlange und Biber bilden zwei entgegengesetzte Pole, die die große Chance haben, sich in der berühmten Mitte zu treffen und eine beneidenswerte Einheit zu bilden. Doch das ist nicht immer ganz einfach. Die konträren Neigungen und Bedürfnisse erfordern ein hohes Maß an Akzeptanz und Toleranz.

## Schlange und *Hirsch*

Die gefühlsbetonte Schlange würde den verspielten Hirsch am liebsten emotional festnageln und ihn in Besitz nehmen. Doch das wird wohl kaum funktionieren, da dieser sich wendig und geschickt jedem Druck und jeder Enge entzieht. So kann hier stets ein kleiner Wermutstropfen bleiben: nämlich der der unerfüllten Liebe. Und das wird beiden auf Dauer nicht gefallen.

## Schlange und *Specht*

Da der Specht, ebenso wie die Schlange im Element des Wassers zu Hause ist, werden diese beiden keine Probleme haben, eine intensive Beziehung zu führen, die vornehmlich auf seelischer Übereinstimmung beruht. Schlange und Specht suchen und finden sich … und lassen sich dann wahrscheinlich nie wieder los.

## Schlange und *Lachs*

Treffen die Elemente Wasser und Feuer, bzw. Schlange und Lachs aufeinander, ist mit einigen Differenzen und Missverständnissen zu rechnen. Der Lachs ist stolz und dominant, die Schlange rücksichtslos ehrlich – so reiben sich die beiden häufig auf. Gemeinsam sind Schlange und Lachs die Neigung zu Besitzdenken und Eifersucht. Dieses Problem lässt sich nur schwer regeln.

## Schlange und *Braunbär*

Mit dem Braunbär stellt sich dieses Problem nicht. Er ist reserviert, bescheiden und anpassungsfähig. Er wird die Qualitäten der Schlange – Sensibilität, Festigkeit und Zuverlässigkeit – zu schätzen wissen. Die Tatsache, dass der Braunbär seine tieferen Empfindungen vorsichtig zurückhält, kann sich sehr belebend auf diese Beziehung auswirken, denn die Schlange liebt Herausforderungen – vor allem wenn sie gefühlsmäßiger Art sind …

## Schlange und *Rabe*

Dem Wasserelement entsprechend, sind die Gefühle der Schlange tief wie das Meer. So liebt sie es auch, ihre Partner bis auf den emotionalen Grund mit „hinabzuziehen". Dort fühlt sich der Rabe jedoch nicht unbedingt wohl und wird sich gefühlsmäßig entsprechend stark zurückhalten. Die große Erfüllung ist in dieser Beziehung also kein Kinderspiel, sie ist sogar sehr fraglich.

## Schlange und *Schlange*

Zwei Schlangen können sich gegenseitig seelisch, geistig und körperlich so tief in Bann ziehen, dass sie zeitlebens nicht mehr voneinander loskommen … Die Gefühle gehen so tief unter die Haut, dass schon fast eine Schmerzgrenze erreicht werden kann. Tiefgang und Intensität dieser Beziehung sind beneidenswert. Doch starke Leidenschaften und die Neigung zur Eifersucht könnten sich auch zum Problem entwickeln.

### Schlange und *Eule*

Schlange und Eule werden sich nicht unbedingt mit großer Begeisterung aufeinander stürzen, obwohl die Eule im Allgemeinen spontan und euphorisch reagiert. Jedoch gibt es in dieser Verbindung einige Gegensätze, die dem Glück zunächst einmal im Wege stehen. Lockert aber die Schlange ihren „Liebesgriff" ein wenig und beweist die Eule die für sie typische Toleranz, dann steht einer intensiven und konstruktiven Beziehung nichts im Wege.

### Schlange und *Gans*

Schlange und Gans kommen sich aufgrund der harmonisierenden Elemente Wasser und Erde gern etwas näher. Obwohl diese beiden Zeichen ihre tieferen Gefühle häufig kontrollieren und beherrschen, lodert doch eine sinnliche und leidenschaftliche Flamme zwischen ihnen, die die Beziehung belebt und gleichermaßen vertieft. Die Verbindung zwischen Schlange und Gans erweist sich in der Liebe und im Beruf als erfolgversprechend.

### Schlange und *Otter*

Die vom Wasserelement beeinflusste Schlange und der vom Luftelement beherrschte Otter treten sich vermutlich mit gemischten Gefühlen gegenüber. Denn zwischen ihnen können ganze Welten liegen. So wäre wohl mehr Toleranz auf beiden Seiten nötig, als Otter und (vor allem) Schlange aufzubringen imstande sind.

### Schlange und *Wolf*

Der sensible und einfühlsame Wolf könnte bei der Schlange ins Schwarze treffen – und umgekehrt. Beide Zeichen gehören dem Wasserelement an und verfügen über tiefe Gefühlswelten – seelischer Tiefgang garantiert hier eine unerschütterliche Basis und starken Zusammenhalt. Dem Wolf wird es zudem recht schnell gelingen, das Vertrauen der Schlange zu gewinnen.

# Die Eule

| **Die Eule:** | *23.11.–21.12.* |
|---|---|
| Die Natur: | *Fällt in ihren Winterschlaf* |
| Geburts-Totem: | *Eule* |
| Element: | *Feuer* |
| Elemente-Clan: | *Habichts-Clan* |
| Winde: | *Westwinde* |
| Stärken: | *Idealismus, Weisheit* |
| Schwächen: | *Überheblichkeit, Rastlosigkeit* |

## Das Totem

Die Eule ist ein Geschöpf der Nacht. In alten Kulturen symbolisierte dieser imposante und würdevolle Vogel Geist, Weisheit und Wissenschaft. Die Eule ist äußerst aufmerksam, und ihrem wachen und scharfen Blick entgeht so gut wie nichts. Mit untrüglicher Sicherheit findet sie sich in der Dunkelheit zurecht und schlägt ihre Beute. Zuweilen schaut die Eule etwas gelangweilt und gleichgültig drein, manchmal wiederum interessiert und wissend – gerade so, als ob sie schon lange über den weltlichen Dingen stehe – und von diesem erhabenen Blickwinkel aus eben mehr sehen könne als andere …

## Das Element

Die Eule ist dem Element des Feuers zugeordnet, einem Element, das dem betreffenden Menschen, Spontaneität, Begeisterung und Idealismus verleiht. Allerdings lodert die Flamme bei Eule-Geborenen nicht wild und zügellos, vielmehr glüht sie still und leise vor sich hin. So richtet sich die Kraft des Feuers hier auf das Erlangen innerer und spiritueller Erkenntnisse.

## Der Elemente-Clan

Die Eule gehört dem Habichts-Clan an und somit einem Menschenschlag, der klar- und weitsichtig ist und einem tieferen Wissen entgegenstrebt. Ein stilles und beständiges inneres Feuer ist die Antriebsfeder dazu. Um zu mehr Weisheit zu gelangen, sind die Angehörigen des Habichts-Clans, insbesondere die Eule-Geborenen, bereit, sich Abenteuern zu stellen und die Herausforderungen des Lebens anzunehmen. Man wächst und reift bekanntlich an seinen Aufgaben …

## Die Winde

In der Zeit vom 23.11. bis 21.12. kommen die Winde aus Westen. Es ist die Zeit der langen Nächte und der Verinnerlichung. Auch die Natur hat sich in sich selbst zurückgezogen, wie um einen langen Winterschlaf zu halten. Doch die Stille wird es nur in Bezug auf äußere Geschehnisse geben; in tiefen und verborgenen Bereichen der Natur wie in der menschlichen Seele herrscht Betriebsamkeit. Denn in dieser Zeit werden neue (Lebens-)Pläne geboren.

## Das ist typisch für die Eule

Dem Einfluss des Feuerelementes entsprechend, zehren Eule-Geborene von einer beständigen Kraft, die sie zu hohen Idealen und anspruchsvollen Zielen streben lässt. Das bringt ihnen manchmal auch den Ruf ein, abgehoben und anmaßend zu sein. Doch das stört die Eule nicht. Sie weiß, dass es zwischen Himmel und Erde mehr gibt als nur das Rationale oder das Materielle: nämlich tiefere Erkenntnisse und Wahrheiten über das Leben.

So ist die Eule in der Lage, sich für ihre Ideale zu engagieren – und auch ihre Umwelt davon zu überzeugen. Mit Euphorie ist sie reich gesegnet und es fällt ihr, mit ihrer warmherzigen und zuversichtlichen Art nicht schwer, andere mitzureißen. Enge und Einschränkungen sind der Eule ein Greuel. Dieses Zeichen braucht viel persönlichen Freiraum und Unabhängigkeit, um seine hehren Zielen zu verfolgen – die Welt ist schließlich ein Ort, der verbessert werden kann. So legen Eule-Geborene nicht selten auch einen ausgesprochenen Missionseifer an den Tag, der allerdings gelegentlich etwas übertrieben wird. Dann entpuppt sich die Eule als Besserwisser.

Auf jeden Fall sind Eule-Geborene äußerst diskussionsfreudig, denn in intensiven Gesprächen lassen sich nicht nur Meinungen austauschen, sondern auch neue An- und Einsichten gewinnen, die letztlich den persönlichen Horizont erweitern. Ganz allgemein sind Eule-Menschen im Umgang mit anderen sehr offen und direkt, manchmal in einem Ausmaß, das man fast schon als taktlos bezeichnen kann. Die Eule muss unbedingt lernen, andere Vorstellungen und Meinungen zu akzeptieren.

## Die Liebe

Eule-Menschen betrachten das Leben gern von einer aufregenden wie auch von der abenteuerlichen Seite – die Liebe inbegriffen. Die Eule braucht nicht nur den intellektuellen, sondern auch den emotionalen Austausch. So flirtet sie mit großer Begeisterung und verwickelt den gegengeschlechtlichen Gesprächspartner gern in eine intensive Unterhaltung, um die „Gesinnung“ zu testen. Wenn es dann funkt, beginnt auch die Erotik zu knistern und die Sexualität wird sich mit der Eule sicherlich aufregend und abenteuerlich gestalten.

Das Problem liegt höchstens darin, dass Eule-Geborene sich davor scheuen, allzu früh eine feste Bindung einzugehen, denn damit könnte der Verlust ihrer Freiheit und Unabhängigkeit verbunden sein und das ist für die Eule eine sehr unangenehme Vorstellung. Ähnlich wie beim Falken oder beim Lachs ist es sehr wichtig, dass die Liebe, bzw. Partnerschaft nicht an Reiz verliert. Verfällt die Beziehung erst einmal in Routine, lässt die Eule gern ihre Blicke kreisen – und leitet mit einem heißen Flirt ein neues Abenteuer ein. Der Partner der Eule muss also immer interessant und anregend sein. Gar nicht so einfach …

## Der Beruf

Eule-Geborene verfügen über viele Talente und können dementsprechend in vielen Berufen aktiv und erfolgreich sein. Die wichtigste Voraussetzung für eine zufrieden stellende und erfüllende Tätigkeit ist jedoch ein hohes Maß an Selbständigkeit und Entscheidungsbefugnissen. In untergeordneten Positionen kann die Eule sich einfach nicht entfalten. Außerdem hat sie große Schwierigkeiten damit, Anweisungen entgegenzunehmen und – ohne die Möglichkeit, sie zu hinterfragen – zu befolgen.

Dank ihrer starken Überzeugungskraft kann die Eule im Verkauf tätig sein. Doch auch juristische Berufe kommen in Frage, ebenso Tätigkeiten im Bereich von Theologie und Politik. Denn Wissen im Sinne von Weisheit und die Weltverbesserung liegen der Eule ja am Herzen.

## Die Vitalität

Hüften und Schenkel sind jene Körperzonen, die bei Eule-Geborenen empfindlicher reagieren können als bei anderen Zeichen. Vor allem bei sportlichen Aktivitäten sollten sie sich deshalb vor Übertreibungen hüten – auch den Sprunggelenken zuliebe.

Da Eule-Geborene häufig auch eine Schwäche für gutes Essen und Trinken haben, kann es schon mal Probleme mit der Figur und/oder der Leber geben. Da dieses Zeichen gern aus dem Vollen schöpft, fällt das Maßhalten schwer. Doch im Namen der Gesundheit sollte ein bisschen mehr Disziplin geübt werden, damit der Speiseplan etwas weniger üppig ausfällt …

# Die kleine Eule

Die kleine Eule ist ein rechter Springinsfeld: fast immer gut drauf, unternehmungslustig und sehr gesellig. Dieses lebhafte Kind hat eine positive und herzerfrischende Art und es vermag seine Umgebung mit seiner guten Laune förmlich anzustecken. So können sich die Eltern an diesem Zögling gewiss erfreuen – vorausgesetzt, sie behandeln ihn als gleichberechtigten Partner. Doch die kleine Eule kann auch anstrengend sein. Wie kaum ein zweites Kind stellt es viele und tiefschürfende Fragen, die natürlich mit einem bohrenden „warum“ beginnen. Da müssen die Eltern manchmal schon kräftig nachdenken, um plausible Antworten oder Erklärungen liefern zu können. Und wehe, wenn diese nicht glaubwürdig sind! Dann kann dieser Sprössling ziemlich empört reagieren.

Die kleine Eule braucht sehr viel Platz zum Spielen und Toben, denn ihr Bewegungsdrang ist stark ausgeprägt und es wäre ratsam, diesen auch in sportliche Bahnen zu lenken. Außerdem braucht dieses Kind viel Auslauf in freier Natur. Denn hier lässt sich die Welt auf abenteuerliche Weise erkunden und entdecken. Wenn es irgendwie möglich ist, sollten die Eltern der kleinen Eule zudem ein Haustier schenken. Dieses Kind liebt Tiere – und wird hingebungsvoll für sie sorgen.

Das Lernen macht der kleinen Eule in der Regel viel Spaß – vorausgesetzt, der Stoff wird nicht zu trocken oder langweilig präsentiert. Besonders gern mag dieses Kind in kleinen Gruppen arbeiten bzw. aktiv sein, wobei es übrigens nicht selten den (freundlichen) Ton angibt. Denn an guten Anregungen, Ideen und Einfällen mangelt es diesem Sprössling für gewöhnlich nicht. Relativ früh wird die kleine Eule selbständig werden und gut auf den eigenen Füßen stehen.

# *Die Eule und ihre Partner*

## Eule und *Falke*

In dieser Kombination gibt das Feuerelement den Ton an. Das bedeutet nicht nur eine generelle Übereinstimmung, sondern auch einen sehr spontanen und herzlichen Austausch von Gefühlen. Fast könnte man Eule und Falke als Traumpaar bezeichnen, weil sie sich nicht nur gegenseitig bereichern, sondern gemeinsam auch viel auf die Beine stellen können. Denn der Falke vermag die idealistischen Bestrebungen der Eule zu unterstützen.

## Eule und *Biber*

Eule und Biber sind sich nicht immer ganz grün. Wenn der bodenständige, besonnene und bedächtige Biber ins Leben der Eule tritt, fühlt diese sich vermutlich gebremst und eingeengt, während der Biber die kühnen, idealistischen Träume und Pläne der Eule nur schwer nachvollziehen kann. Diese beiden sollten sich deshalb nicht zu schnell binden.

## Eule und *Hirsch*

Auf den ersten Blick könnten Eule und Hirsch sich durchaus mögen. Denn Feuer und Luft ergänzen sich im Allgemeinen recht gut. Bei näherer Betrachtung werden sich jedoch vermutlich einige Gegensätzlichkeiten offenbaren, die nur durch gegenseitige Toleranz und „Beziehungsarbeit“ in Einklang gebracht werden können. Die Eule sollte häufiger mal Fünfe gerade sein lassen und der Hirsch sich die Mühe machen, Dinge kritischer zu hinterfragen.

## Eule und *Specht*

Eule und Specht werden einige Differenzen aus der Welt schaffen müssen, um als ideales Paar durchzugehen. Und das wird viel guten Willen erfordern. Der Specht bindet die Eule gern ans Haus, was dieser jedoch gar nicht recht ist. Fühlt sich die Eule in ihrem Freiheitsdrang und in ihrer Unabhängigkeit ernsthaft eingeschränkt, fliegt sie davon …

## Eule und *Lachs*

In diesem Fall geben sich wieder zwei Vertreter des Feuerelementes ein Stelldichein. Da könnte aus Spaß ziemlich schnell Ernst werden, sofern der großzügige und herzliche Lachs Verständnis für die ideellen Streifzüge – bzw. Höhenflüge – der Eule aufbringt. Wenn er sich dann noch vor der Eifersucht hütet, steht einem stürmischen und dauerhaften Liebesglück eigentlich nichts im Wege.

## Eule und *Braunbär*

Mit dem Braunbär kommt die Eule vermutlich nicht so schnell auf einen gemeinsamen Nenner. Denn der Braunbär hält sich gern an die Tatsachen, während die Eule geistig stets auf der Suche ist und deshalb die Realität immer wieder in Frage stellt. Nur wenn beide Zeichen es schaffen, für die Gesinnung des anderen Interesse und Verständnis aufzubringen, kann diese Beziehung einen gedeihlichen Verlauf nehmen.

## Eule und *Rabe*

Eule und Rabe könnten ein ebenso interessantes wie aktives Team abgeben. Da der Rabe geistig sehr aufgeschlossen ist und über die Fähigkeit verfügt, Dinge oder Ideen richtig einzuschätzen, kann er sich sowohl als „Ansporner“ wie auch als Ratgeber entpuppen. Außerdem sind des Raben Unternehmungs- und der Eule Abenteuerlust eine weitere vielversprechende Voraussetzung für Harmonie und Glück.

## Eule und *Schlange*

Feuer und Wasser sind nicht gerade verträgliche Elemente. Die Eule strebt nach hohen Idealen und fühlt sich zu den geistigen Dimensionen hingezogen. Die Schlange hingegen fühlt sich in den tiefen und geheimnisvollen Bereichen der menschlichen Seele heimisch. So lassen Missverständnisse in der Regel nicht lange auf sich warten. Doch auf der Suche sind beide und das könnte eine Brücke sein, die die unterschiedlichen Welten von Eule und Schlange miteinander verbindet.

### Eule und *Eule*

Zwei Eulen unter sich. Das könnte eine sehr aufregende und faszinierende Beziehung werden, die unter der Schirmherrschaft des Feuerelementes steht. Idealismus und Engagement in zweifacher Potenz treibt dieses Paar stets voran. Auch im Pläneschmieden sind diese beiden kaum zu überbieten. Hoffentlich engagieren sie sich auch für die Bedürfnisse des anderen – und damit für das Liebesglück …

### Eule und *Gans*

Bei der Gans beißt die Eule nicht selten auf Granit, was ihre „noble Gesinnung" betrifft. Denn die Gans ist vernünftig, realistisch und diszipliniert und holt die Eule zuweilen recht unsanft auf den Boden der Tatsachen zurück. Damit löst sie leider auch einen gewissen Frust aus. Doch wenn die Eule es schafft, diesen Partner zu überzeugen, wird er mit bedingungsloser und konsequenter Unterstützung nicht geizen.

### Eule und *Otter*

In diesem Fall treffen zwei Zeichen aufeinander, die sich auf Anhieb mögen: Eule und Otter sind geschaffen für die Liebe auf den ersten Blick. Diese beiden wetteifern förmlich um die besten Ideen, die kühnsten Pläne und die humanste Gesinnung – und beschleunigen dadurch gegenseitig ihre persönliche Entwicklung.

### Eule und *Wolf*

Diese Kombination ist vermutlich mit einigen Schwierigkeiten behaftet. Denn die Elemente Feuer und Wasser erfordern in der Regel harte Beziehungsarbeit. Bei Eule und Wolf stellt sich die Frage, ob sie dazu überhaupt bereit sind. Im günstigsten Fall basiert diese Verbindung auf Toleranz und Akzeptanz. Doch das ist beiden Partnern wahrscheinlich zu wenig …

# Die Gans

| | |
|---|---|
| **Die Gans:** | ***22.12.–19.01.*** |
| Die Natur: | *Beginnt sich zu erneuern* |
| Geburts-Totem: | *Gans* |
| Element: | *Erde* |
| Elemente-Clan: | *Schildkröten-Clan* |
| Winde: | *Nordwinde* |
| Stärken: | *Beharrlichkeit* |
| Schwächen: | *Strenge, Misstrauen* |

## Das Totem

Aus der Vielzahl von verschiedenen Gänsearten haben die Indianer die Schneegans für das Geburts-Totem ausgewählt, das die Zeit vom 22.12. bis 19.01. beherrscht. Obgleich die Schneegans ein guter Schwimmer ist, fühlt sie sich auch auf dem Land sehr wohl, wo sie ihre Nahrung findet. Auch das Luftelement beherrschen die Schneegänse und überwinden, in großen Scharen fliegend, Tausende von Kilometern, wenn sie nach dem ersten Schneefall die Nistplätze verlassen – und erst nach der Schneeschmelze zurückkehren. Dieses Verhalten zeugt von Vielseitigkeit und beharrlicher, zielgerichteter Kraft.

## Das Element

Die Gans ist dem Element der Erde zugeordnet, welches für Stabilität und Beständigkeit steht. Zudem verleiht es den unter diesem Totem Geborenen eine gute Portion Ehrgeiz und Durchhaltevermögen. Nach dem Motto „in der Stille liegt die Kraft“, nehmen Gans-Geborene große Vorhaben ins Auge – und erklimmen unermüdlich, Schritt für Schritt, die höchsten Gipfel.

## Der Elemente-Clan

Die Gans gehört dem Schildkröten-Clan an, der wiederum mit dem Erdelement verbunden ist. Angehörige dieses Clans haben verstärkt das Bedürfnis nach gesicherten und stabilen Verhältnissen. Für gewöhnlich wissen sie genau, was sie wollen – und wie man die angestrebten Ziele auch erreicht: nämlich mit Ehrgeiz, Ausdauer, Beständigkeit und Verlässlichkeit. Doch soviel Fixiertheit und Konzentration auf das Wesentliche gehen zu Lasten der Flexibilität.

## Die Winde

In der Zeit vom 22.12. bis 19.01. kommen die Winde aus Norden und bringen eisige Kälte mit sich, die sowohl die Natur als auch den Menschen zur (scheinbaren) Ruhe zwingt. Es ist die Zeit der Wintersonnenwende mit dem kürzesten Tag und der längsten Nacht des Jahres. Alles ist eingefroren und erscheint leblos. Doch von nun an werden die Tage wieder länger; das Licht hat den Kampf gegen die Dunkelheit aufgenommen – und wird ihn gewinnen …

## Das ist typisch für die Gans

Gans-Geborene sind kraftvolle Persönlichkeiten. Doch ihre Kraft äußert sich nicht in unüberlegter Dynamik oder übertriebener Spontaneität. Auch wenn Gans-Geborene sehr geschäftig und aktiv sind, nehmen sie sich stets genügend Zeit, um vernünftige Überlegungen anzustellen. Und das ist auch gut so. Denn für gewöhnlich haben Gans-Geborene anspruchsvolle aber vernünftige und realistische Ziele vor Augen, die sie mit bewundernswerter Zähigkeit und gesundem Ehrgeiz verfolgen.

Diese zielgerichtete bis ernste Lebenshaltung erweckt bei anderen Menschen oft den Eindruck, dass Gans-Geborene gefühlsmäßig distanziert bis kühl sind. Doch stimmt das nur bedingt. Im Grunde sind diese Menschen einfach nur besonnen in ihren Reaktionen. Um Enttäuschungen zu vermeiden, neigen sie zu vorsichtiger Zurückhaltung. Doch in der rauhen Schale steckt durchaus ein weicher Kern.

Weil Gans-Geborene eher auf Qualität als auf Quantität setzen, trennen sie gern die Spreu vom Weizen, was für berufliche Vorhaben ebenso gilt wie in zwischenmenschlichen Beziehungen. Bemerkenswert ist auch die Leistungsfähigkeit der Gans. Sie scheint über unerschöpfliche Energiereserven zu verfügen, die sie unermüdlich arbeiten und schaffen lässt. Wo andere kurz vorm Zusammenbruch stehen, krempelt die Gans erst richtig die Ärmel auf. Vor lauter Ehrgeiz und Pflichtbewusstsein kann es ihr jedoch passieren, dass sie die schönen und angenehmen Seiten des Lebens schlicht übersieht – oder sich diese aus Bescheidenheit und Enthaltsamkeit versagt.

## Die Liebe

Wer sich einen treuen und zu hundert Prozent zuverlässigen Partner wünscht, hat mit einem Gans-Geborenen einen wahren Glücksgriff getan. Denn diese Menschen nehmen die Liebe ebenso ernst wie ihre Arbeit oder andere Pflichten. Allerdings kann es ein Weilchen dauern, bis die Gans sich emotional öffnet und die tiefen Empfindungen, zu denen sie absolut fähig ist, dem Partner offenbart. Denn Gans-Geborene brauchen ihre Zeit, um das nötige Vertrauen aufzubauen, das für eine erfüllte (und beständige) Partnerschaft nach ihrer

Meinung erforderlich ist. Dann aber entpuppt sich die Gans als fürsorglicher und liebevoller Partner, der nicht nur Schutz und Halt bietet, sondern auch wohl dosierte Leidenschaft und ein verführerisches Maß an Sinnlichkeit in den Liebesalltag einbringt. Manchmal mangelt es den Gans-Geborenen an Fantasie, denn sie sind schließlich realistische und praktisch veranlagte Menschen. Von daher kann es nicht schaden, wenn der Partner der Gans hin und wieder für anregende Impulse und Abwechslung sorgt – nicht nur im Ehealltag, sondern auch in erotischer Hinsicht. Die Gans wird sicherlich mit (verhaltener) Begeisterung darauf eingehen.

## Der Beruf

Gans-Geborene sind ehrgeizig, planen gründlich und kalkulieren perfekt. Es ist ganz und gar auszuschließen, dass sie die beruflichen Entwicklungen dem Zufall überlassen. Im Gegenteil: Diese Menschen haben schon relativ früh ein festes Ziel vor Augen und werden nicht eher ruhen, bis es auch erreicht ist – selbst wenn es Jahre dauern sollte. Gänse arbeiten sich von der Pike auf nach oben. Das braucht zwar Zeit, hat aber den Vorteil, dass sie von ihrem Fach wirklich etwas versteht – und ihr niemand etwas vormachen, geschweige denn das Wasser reichen kann. Schaut man sich in den Chefetagen einmal etwas genauer um, wird man feststellen, dass hier überdurchschnittlich viele Gans-Geborene anzutreffen sind …

## Die Vitalität

Gans-Geborene verfügen über eine recht hohe Vitalität und eine gute Kondition. Da sie das Talent haben, Kraft und Zeit vernünftig, überlegt und zweckmäßig einzusetzen, werden sie in gesundheitlicher Hinsicht kaum Probleme haben. Im Übrigen lassen sich diese Menschen nicht so leicht gehen – da werden kleine Wehwehchen schon mal ignoriert und einfach weitergearbeitet. Diese Neigung sollte jedoch nicht übertrieben werden, sonst besteht die Gefahr von Überanstrengung und Erschöpfung. Das empfindlichste Organ der Gans, die Haut, kann dann schnell irritiert und allergisch reagieren, speziell auch, wenn sie ihre Gefühle unterdrückt. Auch die Knie sind ein typischer Schwachpunkt der Gans-Geborenen.

# Die kleine Gans

Die kleine Gans ist ein zurückhaltendes, manchmal sogar schüchternes Kind, das sich keinesfalls lauthals in den Vordergrund rückt. Es scheint stets mit dem zufrieden zu sein, was es hat (bzw. von den Eltern bekommt) und beschäftigt sich stark mit sich selbst. Oft wirkt es nachdenklich bis ernst. Der für die Gans typische Ehrgeiz wie auch das Pflichtbewusstsein sind bereits im Kindesalter entwickelt. Für stressgeplagte Eltern ist das natürlich sehr angenehm. Trotzdem sollten sie darauf achten, dass auch dieser Sprössling ein Kind ist – und selbstverständlich kein kleiner Erwachsener …

Zuweilen sehen kleine Gänse die Dinge zu ernst und zu verbissen. Sie müssen lernen, dass das Leben auch spielerische Seiten hat, denn sonst könnten sie über ihren intensiven Beschäftigungen zum Stubenhocker werden und zu wenig Bewegung oder Kontakte mit Gleichaltrigen bekommen. Die Neigung zum Einzelgänger zeichnet sich nämlich bereits bei kleinen Gänsen ab. So sollten die Eltern ihr Kind zu etwas mehr Geselligkeit ermuntern.

Fleißig und ehrgeizig, wie die kleine Gans nun einmal ist, wird es in der Schule kaum Schwierigkeiten geben. Dieses Kind bringt von Hause aus gute Leistungen – und entsprechende Zeugnisse mit nach Hause. Allerdings kann das Selbstwertgefühl der kleinen Gans in jungen Jahren stark zu wünschen übrig lassen. Daher ist es wichtig, dass dieser Zögling häufig (und ehrlich) gelobt wird, damit er sich seiner guten Ergebnisse bewusst wird und sich auch darüber freuen kann. Denn sonst könnte aus diesem Kind ein kleiner Professor werden, der mit wissenschaftlichen Scheuklappen durchs Leben läuft. Zu Spiel, Spaß und Sport muss die kleine Gans immer wieder ermuntert werden.

# Die Gans und ihre Partner

## Gans und *Falke*

Gans und Falke vermögen sich gegenseitig vermutlich nicht so schnell aus der Fassung zu bringen. Vielmehr wird die Gans ob der kühnen, spontanen und daher unüberlegten Kraft des Falken die Stirn runzeln. Umgekehrt läuft der Falke mit seinen intensiven und stürmischen Gefühlen bei der beherrschten Gans ins Leere. Diese beiden brauchen mit Sicherheit viel Geduld und Nachsicht, um sich zusammenzuraufen.

## Gans und *Biber*

Gans und Biber sind vom Erdelement beeinflusst und stimmen von daher in wesentlichen Ansichten und Bedürfnissen überein. Beide sind treue und zuverlässige Partner, die sich gegenseitig viel geben können. Erfreulicherweise versteht sich der Biber ein wenig auf die Lebenskunst und sorgt so dafür, dass die ehrgeizige, pflichtbewusste und arbeitswütige Gans ein wenig Ablenkung bekommt.

## Gans und *Hirsch*

Ebenso unvermittelt, wie der wendige Hirsch auftaucht, kann er auch wieder verschwinden. Der Einfluss des Luftelementes treibt ihn von einer Aktivität zur nächsten. Dafür hat die bodenständige Gans gewiss nicht viel übrig. Sie verabscheut Unzuverlässigkeit, auch in der Liebe. Diese beiden Charaktere sind nur schwer unter einen Hut zu bringen.

## Gans und *Specht*

Aufgrund der Elemente Erde und Wasser ist eine gewisse Anziehung durchaus gewährleistet. Trotzdem laufen die Neigungen, Interessen und Bedürfnisse von Gans und Specht oft auseinander. Die Gans diszipliniert ihre Gefühle bis zur kühlen Zurückhaltung, der Specht könnte vor Sensibilität und emotionaler Hingabe förmlich zerfließen. Wenn beide willens sind, die goldene Mitte zu suchen, könnte die Ergänzung aber großartig sein.

## Gans und *Lachs*

Die Gans ist unter anderem für ihre Sparsamkeit bekannt. Der Lachs ist hingegen von geradezu verschwenderischer Großzügigkeit – sowohl im materiellen wie im emotionalen Bereich. Vielleicht lässt die Gans sich aber durch den herzlichen Einfluss des Lachses doch in Gefühlsdingen zu mehr Spontaneität hinreißen. Sie hätte es nicht zu bereuen. Im übrigen gibt es auch ein paar Qualitäten, die diese beiden Zeichen verbinden: zum Beispiel Ehrgeiz, Entschlossenheit und Durchsetzungsvermögen.

## Gans und *Braunbär*

Gans und Braunbär scheinen füreinander wie geschaffen zu sein. Der Einfluss des Erdelementes, dem beide unterstehen, wirkt sich stabilisierend und harmonisierend auf diese vielversprechende Beziehung aus. Doch finden hier auch zwei enthaltsame und bescheidene Menschen zueinander, die eher die Pflicht erfunden haben als das Vergnügen. Sie sollten aufpassen, dass letzteres nicht auf der Strecke bleibt.

## Gans und *Rabe*

Der Rabe verfügt über vielseitige Interessen, diplomatische Fähigkeiten, geistige Gewandtheit – und vor allen Dingen über Charme. Doch die Frage ist, ob diese Qualitäten die Gans auf Dauer überzeugen. Als Vertreter des Erdelementes erwartet sie auch eine gewisse Beständigkeit und da muss der Rabe hin und wieder passen.

## Gans und *Schlange*

Mit der Schlange könnte die Gans einen wahren Glücksgriff tun. Denn dieses Zeichen ist einfühlsam und kann so die Motivationen der Gans sehr gut nachvollziehen. In manchen Charakteranlagen gibt es auch nennenswerte Ähnlichkeiten, so dass diese Beziehung zuweilen wie von selbst läuft. Und mit ihrer geheimnisvollen und leidenschaftlichen Ausstrahlung könnte die Schlange die Gans sogar aus der emotionalen und vor allem aus der erotischen Reserve locken.

### Gans und *Eule*

Bis Erde und Feuer sich gegenseitig befruchten, kann schon eine Weile vergehen. Doch nichts ist unmöglich. Ist zwischen Gans und Eule erst ein Fünkchen Sympathie entzündet, werden sie sich auch um gegenseitiges Verständnis bemühen. Trotzdem darf nicht übersehen werden, dass beide von verschiedenen Standpunkten ausgehen und sich wirklich zusammenraufen müssen.

### Gans und *Gans*

Es liegt auf der Hand, dass zwei Gänse sich in grundlegenden Fragen des (Liebes-)Lebens stillschweigend verstehen. Schon das gemeinsame Erdelement sorgt dafür. So gesehen hat diese Beziehung auch auf lange Sicht sehr gute Aussichten auf Erfolg … Damit es auch ein bisschen aufregend wird, sollten beide aber nicht nur den Ernst, sondern auch die Freuden und Genüsse des Lebens erschließen. Sonst kann die Liebe schnell zur Routine – und langweilig werden.

### Gans und *Otter*

Die Gans will sich auf alles verlassen können, natürlich auch auf den Partner. Das ist jedoch beim Otter nicht immer gewährleistet, da er zuweilen sehr spontan und sprunghaft reagiert – und deshalb nicht berechenbar ist. Das kann die Gans nur schwer akzeptieren, wenn überhaupt. So können sich in dieser ungleichen Verbindung Differenzen ergeben.

### Gans und *Wolf*

Obwohl die realistische und praxisbezogene Gans die romantischen und verborgenen Wünsche und Bedürfnisse des Wolfes nicht auf Anhieb versteht, können diese beiden ein Paar werden, das sich ideal ergänzt. Die Gans muss nur ihre Skepsis ablegen und den instinktiven und intuitiven Fähigkeiten des Wolfes mehr Vertrauen schenken.

# Der Otter

**Der Otter:** *20.01.–18.02.*
Die Natur: *Trifft erste Vorbereitungen*
Geburts-Totem: *Otter*
Element: *Luft*
Elemente-Clan: *Schmetterlings-Clan*
Winde: *Nordwinde*
Stärken: *Erfindergeist, Humor*
Schwächen: *Sprunghaftigkeit, Rebellion*

## Das Totem

Der Otter ist flink und beweglich. Er gehört zur Familie der Wiesel und ist sowohl für das Land wie auch für das Wasser geschaffen. Diesen überaus possierlichen Tierchen zuzusehen ist eine wahre Freude, da sie sehr verspielt sind, und manchmal einen fast übermütigen Eindruck machen.

Seine körperliche Beweglichkeit und Geschicklichkeit ist besonders erstaunlich und faszinierend, wenn man bedenkt, dass ein Otter von kräftiger Statur ist und bis zu knapp einem Meter Körperlänge heranwachsen kann. Und irgendwie scheint dem Otter immer ein kleiner Schalk im Nacken zu sitzen …

## Das Element

Der Otter ist dem Element der Luft zugeordnet, welches, wie wir schon erfahren haben, unter anderem für Flexibilität, Intellekt, Kommunikation und Ideenreichtum steht. Die Verständigung und die Verbindung mit der Umwelt sind ebenfalls Prinzipien, die die Luft symbolisiert. Da liegt es auf der Hand, dass Otter-Geborene viele geistige Anstöße geben können.

## Der Elemente-Clan

Der Otter gehört dem Schmetterlings-Clan an – ein Umstand, der ihm, wie auch allen anderen Angehörigen dieses Clans, die Gabe der Unbeschwertheit und der geistigen und verbalen Gewandtheit verleiht. Andererseits können die Kräfte und Ideale dieser Menschen auch im Sande verlaufen, weil sie dazu neigen, sich nach allen Richtungen zu orientieren und dabei das Wesentliche aus den Augen verlieren.

## Die Winde

In der Zeit vom 20.01. bis 18.02. kommen die Winde aus Norden. Noch immer liegen Kälte und Frost wie ein lähmendes Tuch über der Erde. Doch im Untergrund regt sich schon etwas. Man sieht es zwar noch nicht, spürt es aber bereits. Offensichtlich gewinnt die Sonne ganz deutlich an Kraft und Einfluss. Noch liegt das neue Leben, das auf den Beginn des neuen Jahreszyklus' wartet, im Verborgenen. Aber die große Hoffnung auf Erneuerung belebt und motiviert.

## *Das ist typisch für den Otter*

Entsprechend der intuitiven Gewissheit, dass (nicht nur in der Natur) bald Neues und Großartiges hervorbrechen wird, stecken Otter-Geborene voller Zuversicht und Hoffnung. Sie sind (vor allem geistig) aktive, humane und engagierte Zeitgenossen, die zudem über einen erfrischenden Humor verfügen, der sie allseits beliebt macht. Da ihr Bedürfnis nach Gerechtigkeit sehr groß ist, können sie es kaum ertragen, dass es Privilegierte und Minderbemittelte gibt. So setzen sie sich nicht selten für soziale und gesellschaftliche Veränderungen ein. Otter-Geborene sind revolutionär und rebellisch veranlagt.

Bei aller Individualität, die ein Otter für sich in Anspruch nimmt, ist er dennoch sehr kooperativ und vermag mit seinem Teamgeist in Gruppen und Organisationen manches bewirken. Ganz wichtig sind für den Otter-Geborenen unter anderem auch Begriffe wie Freundschaft und Solidarität; sie sind bereit zu teilen, notfalls auch das letzte Hemd herzugeben, wenn Freunde in Not sind oder hilflose Menschen Unterstützung brauchen. Auch Geselligkeit pflegen sie gern. Dabei erweist sich der Otter häufig als spritziger und origineller Unterhalter.

Otter-Geborene schmieden gern Pläne, wie sie einer „modernen Gesellschaft“ und dem Fortschritt auf die Sprünge helfen können – meist mit recht interessanten Ergebnissen. Es kann aber auch passieren, dass die Zukunftsvisionen des Otters geradezu utopisch sind – und an eine vernünftige Realisierung nicht zu denken ist.

## *Die Liebe*

Gerade im Hinblick auf die Liebe muss betont werden, dass Otter-Geborene, ähnlich wie Eule-Menschen, größten Wert auf Unabhängigkeit und persönliche Freiheit legen. Sie erwarten natürlich vom Partner, dass er diesem Bedürfnis Rechnung trägt – und sind auch ihrerseits bereit, viel Toleranz walten zu lassen. Obwohl Sexualität eine angenehme Spielart der Liebe ist, steht diese beim Otter nicht zwingend im Vordergrund. Ihm kommt es vor allen Dingen auf die geistige Übereinstimmung mit dem Partner an.

Wer mit einem Otter eine glückliche Beziehung aufbauen und erhalten will, muss also die Leine sehr locker lassen, wie es so schön heißt. Im Gegenzug wird der Otter-Geborene dafür sorgen, dass Routine oder gar Langeweile so gut wie ausgeschlossen sind. Denn sie lieben die Abwechslung und sind stets für eine Überraschung gut. So bringt der Otter, beherrscht vom Luftelement, immer wieder frischen Wind in den Liebesalltag – vorausgesetzt, er hat das Gefühl, dass er es freiwillig tut.

## Der Beruf

Es ist recht schwer, sich vorzustellen, dass ein Otter die gesicherte Beamtenlaufbahn einschlagen wird – vermutlich nicht einmal die gehobene … Diese spritzigen, originellen und unabhängigen Zeitgenossen brauchen nicht zuletzt auch in beruflicher Hinsicht viel Bewegungsfreiheit und persönlichen Spielraum, um ihren kreativen und geistigen Fähigkeiten Ausdruck zu verleihen.

Dabei ist es gar nicht so wichtig, welche Tätigkeit der Otter-Geborene ausübt – schließlich ist er äußerst vielseitig. Entscheidend ist, dass er selbstständig und eigenverantwortlich arbeiten kann, denn mit Anweisungen von Vorgesetzten hat er große Schwierigkeiten, da er Autoritäten nicht ohne weiteres anerkennt. Als Kind wollte der Otter sicherlich Astronaut oder Erfinder werden …

## Die Vitalität

Voller geistiger Ideale und hoher Erwartungen an sich selbst und das Menschsein schlechthin kann der Otter-Geborene gelegentlich unter nervlicher Anspannung stehen, vor allem dann, wenn er es nicht lernt, bewusst abzuschalten und zu entspannen. Gemeint ist hier nicht das körperliche, sondern das mentale Abschalten.

Physisch wird sich der Otter ohnehin nur selten überfordern, da er weiß, wie er mit seinen Kräften haushalten muss. Manchmal legt er sogar ein gewisses Phlegma an den Tag. So könnte ihm zuweilen der Kreislauf zu schaffen machen. Mit regelmäßigen und gezielten sportlichen Aktivitäten, bzw. Fitness-Programmen kann sich der Otter allerdings bis ins hohe Alter fit und elastisch halten.

# Der kleine Otter

Der kleine Otter ist ein sehr aufgewecktes und interessiertes Kind, das schon relativ früh geistreiche Fragen stellt – und seine Eltern damit nicht selten herausfordert. Vor allen Dingen will dieser Nachwuchs als Partner behandelt werden, denn ein ausgeprägter Sinn für Gerechtigkeit wurde ihm mit in die Wiege gelegt und das bedeutet für den kleinen Otter eben „gleiches Recht für alle". Die Frage des Alters ist dabei völlig nebensächlich …

Ist der kleine Otter erst etwas größer, wird er vermutlich anfangen, das bisherige Familiengefüge zu hinterfragen und auf den Kopf zu stellen – oder es zumindest versuchen. Dieses Kind fühlt sich nämlich schon in jungen Jahren dazu berufen, die Lebensqualität zu verbessern, Bewährtes und Gewohntes kritisch auseinanderzunehmen und fortschrittliche Entwürfe für den Umbruch anzubieten. Das ist manchmal sehr amüsant, zuweilen aber auch anstrengend, denn nicht immer sind diese „Verbesserungsvorschläge" bis ins letzte Detail durchdacht. Dann ist es Aufgabe der Eltern, diesem erfinderischen Zögling Kompromisse abzuringen.

Auch in der Schule nimmt der kleine Otter die Dinge nicht als gegeben hin. Zwar lernt er für gewöhnlich recht schnell und gut, doch sein Engagement gilt keinesfalls nur dem Lernstoff, sondern auch allerlei anderen Dingen, die er für erneuerungsbedürftig hält. Auch die freundschaftliche Ader des kleinen Otters pulsiert schon sehr früh und er ist glücklich, wenn er seine Kameraden möglichst oft um sich scharen kann. Ehe sich die Eltern versehen, haben sie ein Haus der offenen Tür. Doch keine Sorge, dieses Kind hat interessante Freunde und die übrigen Familienmitglieder können von der frischen Brise, die der kleine Otter durchs Haus wehen lässt, durchaus profitieren …

# *Der Otter und seine Partner*

## Otter und *Falke*

Die Elemente Luft und Feuer wirken sich in dieser Verbindung äußerst ergänzend und anregend aus. Otter und Falke geraten vermutlich schnell füreinander ins Schwärmen. Und aus einem heißen Flirt könnte durchaus mehr werden. Allerdings dürfte es nicht schaden, wenn der Falke seine stürmischen und leidenschaftlichen Gefühle ein wenig drosselt – um mehr geistige Energien mit dem Otter auszutauschen. Versuchen Sie's mal!

## Otter und *Biber*

Otter und Biber müssen einige Differenzen beseitigen, um sich auf einer zufriedenstellenden Ebene zu treffen. Denn hier begegnen sich Idealist und Materialist. Beide Ausgangspositionen haben natürlich ihren Sinn und ihre Berechtigung, die Frage ist nur, an welchem Punkt Otter und Biber sich auf die goldene Mitte einigen können, und ob nicht zu viele Kompromisse nötig sind.

## Otter und *Hirsch*

Otter und Hirsch – beide dem Luftelement zugeordnet – sind ein rast- und ruheloses Gespann, das sich gegenseitig aber stark anregen und positiv beeinflussen kann. Da beide sehr aktiv und unternehmungslustig sind, wird ihnen deshalb auch chronischer Terminstress willkommener sein als routinemäßiger Alltagstrott. Dieser würde eher Probleme heraufbeschwören. So ist dieses Paar immer gern unterwegs …

## Otter und *Specht*

Der Specht wird, bedingt durch seine Anhänglichkeit und dem Bedürfnis nach Geborgenheit, geneigt sein, dem Otter seine ihm so heilige Freiheit ein wenig zu beschneiden, was diese Beziehung im schlimmsten Fall zum Scheitern verurteilt. Denn sobald der Otter spürt, dass seine Unabhängigkeit ernsthaft bedroht ist, sucht er das Weite, selbst auf die Gefahr hin, dass er einen tief betrübten Specht zurückläßt …

## Otter und *Lachs*

Otter und Lachs bilden ihrer polaren Charakteranlagen wegen eine spannungsgeladene Verbindung. Das kann ebenso anregend wie anstrengend sein. Vor allen Dingen jedoch können beide Zeichen aneinander wachsen und reifen, allerdings nur unter der Voraussetzung, dass Otter und Lachs zu gleichen Teilen zur Annäherung und Ergänzung bereit sind. Das bedeutet natürlich einige Abstriche sowie harte Beziehungsarbeit …

## Otter und *Braunbär*

Diese beiden Zeichen liegen sich nicht unbedingt zu Füßen. Der luftbetonte Otter muss sich an den bodenständigen Braunbären vermutlich erst gewöhnen – vor allem dann, wenn dieser ein wenig kleinlich, penibel und intolerant ist. Doch eines verbindet Otter und Braunbär und schlägt eine Brücke zwischen den verschiedenen Welten: beide sind auf ihre spezifische Weise geistig durchaus interessiert, wendig und vor allem aufgeschlossen.

## Otter und *Rabe*

In diesem Fall herrscht wieder einmal dasselbe Element über beide Zeichen bzw. Partner, die daher eine unkomplizierte und durchaus harmonische Beziehung unterhalten können. Das starke ideelle Engagement des Otters kann der Rabe vielleicht nicht immer nachvollziehen oder gar teilen. Aber er vermag dem Otter mit geistigen Anregungen und Ergänzungen zu dienen. Zudem geben viele gemeinsame Aktivitäten dieser Verbindung Pfiff.

## Otter und *Schlange*

Otter und Schlange befinden sich vermutlich häufiger auf dem Kriegspfad und so hat diese Beziehung ob der scheinbar unvereinbaren Gegensätze einen schwierigen Stand. Die Schlange neigt dazu, den Partner in ihren Bann zu ziehen und zu vereinnahmen. Da sieht der Otter rot und wird sich durch Rückzug retten. Wenn nicht, bleibt diese Verbindung das Ergebnis von vielen Kompromissen. Lebenslänglich keine berauschende Aussicht …

### Otter und *Eule*

Otter und Eule sind nicht nur durch die harmonisierenden Elemente Luft und Feuer verbunden, sie ergänzen sich auch in ihrer idealistischen Auffassung vom Leben und in ihrem Streben nach der Wahrheit. Diese beiden Zeichen können sich immer wieder anregen, vorantreiben und sich auf allen Ebenen befruchten. Ihre Beziehung verdient das Prädikat „wertvoll“ …

### Otter und *Gans*

Bei Otter und Gans könnten einige Stolpersteine den Weg ins Glück verzögern – müssen ihn aber nicht gänzlich verstellen. Die Tatsache, dass die Gans sich selbst stark diszipliniert und den Idealismus des Otters durch Vernunft ersetzen will, kann jedoch sehr störend wirken. Eine Beziehung der Kompromisse könnte die Folge sein …

### Otter und *Otter*

Zwei Otter treffen sich vermutlich, um sich gegenseitig – und dann auch noch die ganze Welt zu verbessern. Das gemeinsame Luftelement schürt hier eine geistige Beweglichkeit, Offenheit und Aktivität, die den emotionalen Bereich in die zweite Reihe drängt – und dadurch einer gewissen Oberflächlichkeit Vorschub leistet. Doch wenn beide Zeichen auf Dauer damit zufrieden sind, ist das natürlich kein Problem …

### Otter und *Wolf*

Otter und Wolf sind sich im Grunde ihrer Seele fremd, da beide das Leben von verschiedenen Seiten angehen. Doch ist der Otter durchaus offen für andere Denkmodelle und der Wolf kann sich dank seiner Sensibilität bestens in andere hineinversetzen. So könnten sich diese beiden schließlich doch treffen. Die Intuition des Otters und der Instinkt des Wolfes sind die Schlüssel dazu.

# Der Wolf

| | |
|---|---|
| **Der Wolf:** | ***19.02.–20.03.*** |
| Die Natur: | *Zeugt von der Auferstehung* |
| Geburts-Totem: | *Wolf* |
| Element: | *Wasser* |
| Elemente-Clan: | *Frosch-Clan* |
| Winde: | *Nordwinde* |
| Stärken: | *Sensibilität* |
| Schwächen: | *Trägheit, Beeinflussbarkeit* |

## Das Totem

Obgleich man den Wolf als ein kraftvolles Tier bezeichnen kann, ist er vorsichtig bis ängstlich, zumindest wenn er allein auftritt. Für gewöhnlich trifft man Wölfe daher auch in Rudeln an, denn sie sind – im Gegensatz zu ihren nächsten Verwandten, den Füchsen oder Kojoten – fähig, in Gruppen zusammenzuleben. Auf diese Weise erleichtern sich die Tiere die Nahrungssuche, denn im Rudel können selbst große Beutetiere erlegt werden. Der Blick eines Wolfes mutet misstrauisch an, aber auch treu – und das ist er tatsächlich. So bleiben Wolfspaare ihr ganzes Leben lang zusammen.

## Das Element

Der Wolf ist dem Element des Wassers zugeordnet, das für Gefühle und Empfindungen steht. Es prägt Einfühlsamkeit und – speziell beim Wolf – auch besonderes Mitgefühl aus. Menschen, die vom Wasserelement beeinflusst sind, können aber von ihren Emotionen auch hin- und hergerissen werden. Sie müssen sich um mehr Standhaftigkeit bemühen.

## Der Elemente-Clan

Der Wolf gehört dem Frosch-Clan an. Mitglieder dieses Clans sind in der Lage, sich aufgrund ihrer tiefen Gefühle und ihrem Einfühlungsvermögen in andere Menschen hineinzuversetzen und deren Bedürfnisse zu erspüren. Das verleiht den Angehörigen dieses Clans die Fähigkeit zu großer Anteilnahme und Hilfsbereitschaft. Auf der anderen Seite kann dieser Menschenschlag aber auch von der emotionalen Zuwendung anderer geradezu abhängig werden.

## Die Winde

In der Zeit vom 19.02. bis 20.03. kommen die Winde aus Norden, einer Richtung, die für Reinheit und Erneuerung steht. Die Erfahrungen und das gesammelte Wissen aus dem Jahreszyklus der Natur, der beim Falken mit dem Aufbruch begann, bündelt sich nun und bringt die Vorahnung des Erwachens. Die Natur bereitet sich auf die Auferstehung vor – und ein neuer Kreislauf kann beginnen. So ist dies auch die Zeit der großen Hoffnungen und Ahnungen.

## Das ist typisch für den Wolf

Wolf-Geborene sind äußerst sensible Menschen. Sie scheinen ganz besondere Antennen dafür zu besitzen, was in ihrer Umgebung vor sich geht. Es ist faszinierend, wie sie die Bedürfnisse anderer erahnen, ohne dass diese ausgesprochen werden müssten. Diese Feinfühligkeit macht allerdings auch sehr verletzlich und so hält dieses Zeichen seine intensiven Gefühle zurück.

Obgleich der Wolf ein Gruppentier ist, brauchen die unter diesem Totem Geborenen hin und wieder den Rückzug in die Stille und Einsamkeit, um sich den persönlichen (Wunsch-)Träumen hinzugeben. Diese zarten Seelen brauchen ihre Illusionen, damit sie sich der rauhen Welt von Zeit zu Zeit entziehen können. Da sowohl die Intuition als auch der Instinkt des Wolfes stark ausgeprägt sind, verfügt er meist über eine bemerkenswerte Menschenkenntnis. Nicht selten ist auch sein Interesse an mystischen Dingen sehr stark. In der Tat sieht es oft so aus, als ob diese Wesen mehr von den Geheimnissen des Lebens wissen bzw. spüren als viele andere Zeitgenossen.

Wolf-Menschen gelten als überaus hilfsbereit, mitfühlend und aufopferungsvoll, zuweilen auch als gutgläubig. Die damit verbundene Gutmütigkeit kann dazu führen, dass andere ausnutzen – und tiefe Frustration auslösen. Auch aus diesem Grund neigt der Wolf dazu, sich unbewusst abzugrenzen und zu schützen. Seinen privaten, häuslichen Bereich braucht er daher unbedingt als Ort der Ruhe und Kraft – und sieht es gar nicht gern, wenn man unaufgefordert in diesen Raum eindringt.

## Die Liebe

Wolf-Geborene sind für die romantische und hingebungsvolle Liebe geradezu geschaffen. Sie können ihren Partner quasi auf Händen tragen, denn sie wissen instinktiv, was ihn glücklich macht – und werden kaum einen Wunsch unerfüllt lassen. Trotz der tiefen und intensiven Gefühle wird der Wolf sein Herz aber nicht zu schnell verschenken. Denn wenn er es tut, dann für immer und so wird er unter Umständen sehr lange warten, bis der geeignete Partner auftaucht.

Wolf-Geborene brauchen besonders viel zärtliche Zuwendung. Leidenschaft überzeugt ihn weniger, doch für eine innige Umarmung und freundliche Worte sind diese Menschen äußerst empfänglich und dankbar. Allerdings neigen sie auch dazu, ihren Lebensgefährten zu idealisieren, manchmal in einem Ausmaß, dass dieser schlicht und einfach überfordert ist, diese überhöhten Vorstellungen zu erfüllen. Das kann natürlich zu gewissen Schwierigkeiten führen. Auch die Tatsache, dass der Wolf-Geborene stets seine kleinen Geheimnisse braucht, könnte den Partner irritieren; er könnte sich vielleicht sogar ausgeschlossen fühlen. Doch keine Sorge: Der Wolf ist treu – und verdient deshalb absolutes Vertrauen …

## Der Beruf

Da Wolf-Geborene nicht zu den ehrgeizigsten Zeichen gehören und sich gern ein bisschen treiben lassen, werden sie kaum eine Blitzkarriere anstreben. Sie lassen den Dingen lieber ihren Lauf und entscheiden dann instinktiv, was zu tun ist. So kommt der Wolf auf sanfte und wundersame Weise schließlich in die Position, für die andere sich verbissen durchboxen mussten …

Wolf-Menschen sind sehr gefühlsbetont und hilfsbereit. Sie wollen, dass es nicht nur ihnen, sondern auch anderen gut geht. Daher findet man dieses Zeichen nicht selten in dienenden, heilenden und karitativen Berufen. Voller Hingabe kann sich der Wolf für benachteiligte Menschen einsetzen. Doch auch zu den schönen Künsten fühlt er sich häufig hingezogen.

## Die Vitalität

Um der harten Welt zu entfliehen, geben sich Wolf-Geborene gerne ihren Träumen und Illusionen hin. Diese Neigung kann jedoch dazu führen, dass sie zu Suchtmitteln greifen, um das Leben durch eine rosigere Brille zu sehen. Daher muss der Wolf Disziplin und Konsequenz entwickeln, um sich der Realität stellen zu können. Mehr Zurückhaltung wäre bei den Essgewohnheiten angebracht. Denn wenn gelegentlicher Frust mit süßen Leckereien bekämpft wird, kann das zu Figurproblemen führen. Im Übrigen machen dem Wolf-Geborenen seine Füße hin und wieder zu schaffen. Er sollte sie besser pflegen und nicht vergessen, die Beine häufiger hochzulegen.

# Der kleine Wolf

Der kleine Wolf ist ein sanftes und liebenswertes Kind. Seine Eltern werden sich manchmal erstaunt fragen, ob alles in Ordnung ist, denn dieser Sprössling scheint Dinge wie Wutanfälle oder Trotzphasen gar nicht zu kennen. Trotzdem bekommt er meistens, was er will, aber eben nicht durch lautes Gebrüll, sondern mit einem Blick und einem entsprechenden Lächeln, das die Erwachsenenwelt einfach verzaubert.

Das Wolfskind hat eine reiche Fantasie und liebt Märchen und geheimnisvolle Geschichten ganz besonders. Es könnte stundenlang zuhören und geradezu in die Traumwelt eingehen. Da der kleine Wolf ein sehr sensibles Seelchen ist, das nicht immer genügend Selbstbewusstsein entwickelt, um sich durchzusetzen, braucht es sehr viel Aufmerksamkeit, Geduld und vor allem auch Ermunterung, sich mehr zuzutrauen. Das gilt in den allgemeinen und praktischen Dingen des Lebens, besonders aber auch für die Schul- und Lehrzeit.

Vorsichtig und behutsam müssen Eltern und Erzieher diesem feinfühligen Kind etwas Disziplin vermitteln, denn es neigt dazu, sich anstrengenden Dingen zu entziehen und sich in seine Träume zu flüchten. In seiner Arbeitshaltung kann der kleine Wolf sehr schwankend, weil von Gefühlen abhängig sein. Fesselt ein Thema jedoch seine Aufmerksamkeit, kann sich dieses Kind überaus intensiv damit beschäftigen und förmlich darin aufgehen. Die Kunst besteht also darin, sein Interesse zu wecken. Da der kleine Wolf recht anhänglich und fürsorglich ist, wird er die häusliche Idylle möglichst lange genießen wollen, bis er sich endlich auf die eigenen Beine stellt. Doch auch als Erwachsener wird er den Kontakt zu den Eltern und den heimatlichen Gefilden mit Sicherheit aufrechterhalten.

# Der Wolf und seine Partner

## Wolf und *Falke*

Der Falke versucht ziemlich stürmisch in das Wesen des Wolfes vorzudringen – und könnte dabei gewaltig Schiffbruch erleiden. Denn der Wolf ist sehr sensibel, empfindsam und einfühlsam, weiß sich aber gegen unerwünschte Attacken durchaus zu schützen. So muss der Falke seine kühne Power entweder drosseln – oder sich geschlagen geben …

## Wolf und *Biber*

Für den Biber kann sich das Wolf-Herz mit Sicherheit erwärmen. Der vom Wasserelement beherrschte Wolf schätzt nämlich eine ruhige und beständige Persönlichkeit, an die er sich anlehnen kann. Jedoch sollte der Biber sich nicht in Sicherheit wiegen, sondern darum bemüht sein, die feinsinnigen Signale des Wolfes zu empfangen – und vor allem natürlich zu erwidern, was keine leichte Aufgabe ist. Sonst bleibt das emotionale Potential unausgeschöpft.

## Wolf und *Hirsch*

Bei Wolf und Hirsch kann es passieren, dass sie aneinander vorbei reden – und leben. Die Welten, in denen diese beiden Zeichen zu Hause sind, sind doch extrem verschieden. Eine Chance besteht dann, wenn der Wolf all sein Einfühlungsvermögen aktiviert und der Hirsch seine geistige Vorstellungskraft. Auf diese Weise können sie sich (hoffentlich) annähern und Schritt für Schritt verstehen lernen.

## Wolf und *Specht*

Wolf und Specht sind vom Wasserelement beeinflusst – und könnten eigentlich ein Traumpaar werden. Schon der erste Blickkontakt macht beiden klar, dass hier eine seelische Übereinstimmung besteht, die diese Beziehung auf Dauer tragen kann. Selbst bei kleinen Meinungsverschiedenheiten und Differenzen, die der Alltag mit sich bringen kann, wird die Harmonie nie ernsthaft gefährdet sein.

## Wolf und *Lachs*

Der Lachs besticht durch seine Stärke, Dynamik und herzlich-kraftvolle Ausstrahlung. Da könnte der Wolf geneigt sein, sich anzulehnen und beschützen zu lassen. Die Tatsache, dass der Lachs gern den Ton angibt, stört den Wolf sicher auch nicht über Gebühr. Aber wenn der Lachs das (emotionale) Tieftauchen nicht lernt, wird diese Beziehung ein unerfüllter Wermutstropfen begleiten …

## Wolf und *Braunbär*

Die Elemente Wasser und Erde stehen sich grundsätzlich nicht zwiespältig gegenüber – Wolf und Braunbär aber schon. Sie streben in ihren Interessen, Bedürfnissen und Entwicklungen ziemlich weit auseinander und die harmonisierenden Elemente allein vermögen diese Kluft nicht zu schließen. Kopf und Bauch wollen in dieser Beziehung verbunden werden. Wie gut, dass der Wolf einfühlsam und der Braunbär lernwillig ist …

## Wolf und *Rabe*

Wolf und Rabe sind nicht gerade ein Herz und eine Seele. Die charakterlichen Prägungen wie auch persönliche Interessen liegen doch auf sehr unterschiedlichen Ebenen. Doch verfügen beide Zeichen über eine gewisse Bereitschaft, sich entgegenzukommen, der Wolf in emotionaler, der Rabe in intellektueller Hinsicht. So könnte das Experiment gelingen, Seele und Geist in harmonischer Weise zu verbinden …

## Wolf und *Schlange*

Verbunden durch das Wasserelement, finden sich hier zwei Partner, die zu tiefen Gefühlen fähig sind und sich vor allen Dingen seelisch anziehen. Die vielversprechende Mischung aus Romantik (Wolf) und Leidenschaft (Schlange) lässt außerdem darauf schließen, dass in dieser Beziehung nicht nur die Emotionen, sondern auch die Erotik eine starke Basis bilden.

### Wolf und *Eule*

Wolf und Eule könnten sich viel geben. Doch gilt es zunächst einige Verständigungsschwierigkeiten zu überwinden, die vor allem daraus resultieren, dass der Wolf die Welt in seinen Träumen idealisiert, während die Eule für eine ideale Welt lebt, arbeitet und notfalls auch kämpft. Der Schlüssel liegt hier nicht in der Methode, sondern in der Erkenntnis. Die gemeinsame Suche danach könnte diese Beziehung enorm bereichern.

### Wolf und *Gans*

Aus der Kombination von Wasser und Erde kann sich eine durchaus befriedigende Beziehung ergeben. Natürlich dürften Wolf und Gans aber auch noch etwas zum Gelingen beitragen, damit aus Sympathie „mehr" werden kann: Die Gans darf ihre Disziplin ruhig mal beiseite und sich selbst etwas gehen lassen, der Wolf sollte erst dann in seine Traumwelt eintauchen, wenn die Gans ihm folgen kann …

### Wolf und *Otter*

Wolf und Otter sind zwei gegensätzliche Partner, die sich mit etwas gutem Willen aber durchaus aufeinander einstellen können. Der Wolf wünscht sich vom Otter nicht nur geistige, sondern auch emotionale Offenheit und wenn der Otter diesen Sprung wagt, wird er im Wolf eine Ergänzung finden, von der er bislang vielleicht nur träumen konnte. Er muss, wie gesagt, nur hin und wieder seinen Kopf ausschalten …

### Wolf und *Wolf*

Zwei Wölfe unter sich erreichen eine emotionale und seelische Tiefe, die sich in Worten nur schwer fassen lässt. In den Tiefen des Wasserelementes, dem beide angehören, lassen sich Dimensionen des Empfindens und der Liebe erleben, die ans Märchenhafte grenzen. Schwierig kann es nur dann werden, wenn diese beiden vor lauter Verzückung den Kontakt zur Realität verlieren …

# Mutter Erde

Was die Indianer von den „zivilisierten“ Westeuropäern unterscheidet, ist ihr Verständnis für die Natur – und der entsprechend „natürliche“ Umgang mit ihr. Mensch und Erde sind nach ihrer Auffassung eins; die Erde ist zudem die Mutter von Mensch, Tier und allen Lebens- und Erscheinungsformen, die auf ihr zu Hause sind. So sehen sich die Indianer auch keiner feindlichen Umwelt ausgesetzt, sondern fühlen sich von der „Großen Mutter“ und ihrer nie endenden Fürsorge beschützt und geborgen.

*Die Blackfeet drücken es so aus:*

„Die Erde liebt uns, sie freut sich, wenn sie uns singen hört. Sie versorgt uns mit Nahrung.“

Die Tahltan, ein westkanadischer Stamm, formulieren es so:
„Die Erde lebt und ist dasselbe wie unsere Mutter. Denn bestünde die Erde nicht, gäbe es keine Menschen. Die Menschen sind ihre Kinder und ebenso die Tiere. Sie achtet auf alle und versorgt sie mit Nahrung. Die Steine sind ihre Knochen, das Wasser ist ihre Milch … Die Tiere sind dasselbe wie die Menschen; sie sind von gleichem Blut; sie sind Verwandte.“

# Der Kreislauf der Natur

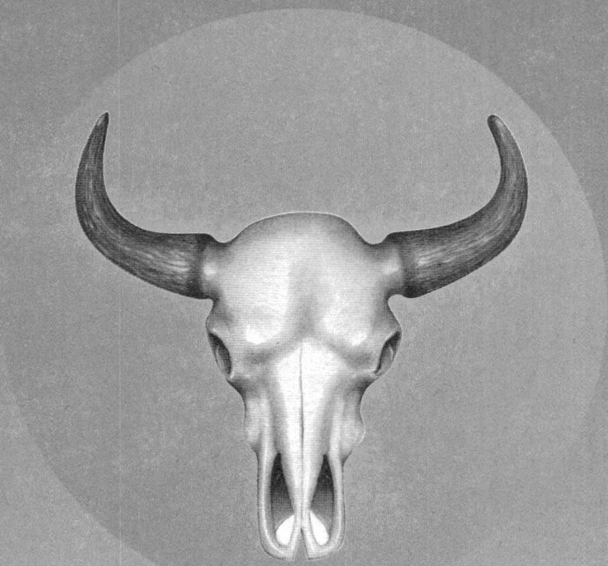

## Die Natur erwacht zu neuem Leben

Endlich ist es soweit: der Winter ist unwiderruflich besiegt. Die Dunkelheit muss der Helligkeit weichen, die nun zusehends stärker und mächtiger wird. Als sicheres Zeichen des beginnenden Frühlings brechen mit ungestümer Kraft die Knospen hervor, um die Natur und somit das Leben wieder erwachen zu lassen. Dieser Augenblick der Geburt steckt voller Dynamik und Optimismus. Jenen, die jetzt geboren werden, „gehört die Welt". Kein Wunder: die Natur ist nun kühn und mutig. Sie wagt den Aufbruch und den Neuanfang. Das Abenteuer „Leben" kann beginnen – und wird sich durch nichts und niemanden aufhalten lassen ...

*Menschen, Ideen und Projekte, die jetzt geboren werden, profitieren von dieser ungestümen Kraft, die ebenso kühn wie blindlings ans Tageslicht und nach außen dringt. Hier geht es im wahrsten Sinne des Wortes um den Durchbruch und so begünstigt die Falke-Zeit Zuversicht, Spontaneität und Entschlossenheit. Pioniergeist und Mut sind jetzt gefordert und können bei vielen Unternehmungen der Schlüssel zum Erfolg sein. Es ist also der beste Zeitpunkt, den inneren Impulsen zu folgen und neue Vorhaben in Angriff zu nehmen.*

### Falken-Zeit *21.03.–19.04.*

Der **Falke** ist jetzt in Hochform, denn dies ist seine Zeit.
**Lachs** und **Eule** können nun ebenfalls eine Hoch-Zeit erleben.
**Hirsch** und **Otter** fühlen sich aktiviert und motiviert.

# Die Biber-Zeit

## Die Natur wächst und gedeiht

Nachdem das neue Leben in der Natur erwacht ist und sich die noch kleinen und empfindlichen Blätter und Blüten erwartungsvoll und fordernd aus den Knospen entwickelt haben, gilt es nun, das neu Geborene zu hegen und zu pflegen. Die Natur sorgt für ein sicheres und stabiles Fundament, auf dem gesundes Wachstum möglich ist. Man spürt es ganz deutlich auch daran, dass der Einfluß des Sonnenlichts kontinuierlich stärker wird. Die Tage werden länger, die Temperaturen steigen. Nicht nur die Pflanzen, auch die Menschen fühlen sich jetzt sicher, denn es kann ja nur noch aufwärts gehen. Diese Gewissheit verleiht Zuversicht und eine stille Kraft.

*Menschen, Ideen und Projekte, die jetzt geboren werden, sind von grundsätzlich positiver Natur, verlangen aber auch ein gewisses Maß an Besonnenheit. Denn in der Biber-Zeit geht es vor allem darum, das bisher Erreichte zu stabilisieren – und das ganz besonders im materiellen und körperlichen Bereich. Ebenso wie der Biber-Mensch steht auch die Biber-Zeit für konstruktive Schaffenskraft, die bewahren und erhalten will. Jetzt stehen auch die Zeichen für langfristige Vorhaben günstig, die Ausdauer und vernünftige wirtschaftliche Überlegungen erfordern.*

### Biber-Zeit 20.04.–20.05.

Der **Biber** ist jetzt in Hochform, denn es ist seine Zeit.
**Braunbär** und **Gans** können nun ebenfalls eine Hoch-Zeit erleben.
**Specht** und **Wolf** fühlen sich aktiviert und motiviert.

# Die Hirsch-Zeit

## Die Natur erblüht und verbindet sich

Das Leben in der Natur wurde mit Kraft und Macht geboren (Falke-Zeit), verwurzelt und gefestigt (Biber-Zeit). Nun beginnt es zu blühen und zu duften. Die Natur bringt eine unglaubliche Vielfalt an Farben und Formen hervor; die Schmetterlinge flattern leicht und beschwingt von Blüte zu Blüte, um alles Leben miteinander zu verbinden. Die Vögel zwitschern ihre Melodien mit Intensität und Begeisterung. Fast könnte man meinen, die Natur feiere ein rauschendes Fest, aus Freude darüber, dass nun alles so lebendig ist und dass der Sommer in Kürze seinen Einzug halten wird. Diesem Rausch kann sich niemand entziehen. Am liebsten würde alle Welt für immer in dieser fröhlichen und verheißungsvollen Hochstimmung verweilen …

*Menschen, Ideen und Projekte, die jetzt geboren werden, spiegeln die Vielseitigkeit und Unbekümmertheit wider, die in dieser Zeit das Leben so angenehm, fröhlich und zuversichtlich gestalten. Kontakte und Verbindungen wollen hergestellt werden, Kommunikation ist die Zauberformel der Hirsch-Menschen sowie der Hirsch-Zeit. Ebenso geht es jetzt darum, die Funktionalität der Dinge zu erkennen und diese nutzbar zu machen. Dinge, die im weiteren Sinne mit Handel, Verkehr, Ausbildung und „cleverem Einsatz der Mittel" zu tun haben, sind in dieser Zeit besonders begünstigt.*

### Hirsch-Zeit 21.05.–20.06.

Der **Hirsch** ist jetzt in Hochform, denn es ist seine Zeit.
**Rabe** und **Otter** können nun ebenfalls eine Hoch-Zeit erleben.
**Falke** und **Lachs** fühlen sich aktiviert und motiviert.

# Die Specht-Zeit

## Die Natur vereinigt sich

Mit Beginn der Südwinde hält der Sommer seinen Einzug. Die Tage sind lang, die Nächte lau. Das Leben in der Natur wird immer üppiger – obwohl der Höhepunkt des Jahreszyklus' bereits überschritten ist. Denn nach dem 21.06. beginnen (wenn auch kaum merklich) die Tage wieder kürzer zu werden. Jetzt muss und will sich die Natur vereinigen, damit neues Leben empfangen – und somit der Fortbestand gesichert werden kann. Dies ist die Zeit der intensiven starken Gefühle und des gegenseitigen Vertrauens. Denn wer will schon jetzt, gerade auf dem Höhepunkt angekommen, wieder an den Abstieg denken?

*Menschen, Ideen und Projekte, die jetzt geboren werden, sind stark emotional geprägt. Eine tiefe Verwurzelung im Urgrund des Lebens sowie die enge Bindung an seelische Bedürfnisse und Prozesse macht die Specht-Zeit aus.*

*Nun regiert nicht (ausschließlich) der Kopf, sondern der Bauch. Was immer jetzt geschieht oder in Angriff genommen wird, muss daher in erster Linie von den Gefühlen akzeptiert und getragen werden. Gerade aus diesem Grunde wäre es aber durchaus empfehlenswert, darauf zu achten, dass wichtige Entscheidungen nicht einfach nur aufgrund spontaner Launen und Stimmungen getroffen werden.*

### Specht-Zeit *21.06.–21.07.*

Der **Specht** ist jetzt in Hochform, denn es ist seine Zeit.
**Schlange** und **Wolf** können nun ebenfalls eine Hoch-Zeit erleben.
**Biber** und **Braunbär** fühlen sich aktiviert und motiviert.

# Die Lachs-Zeit

## Die Natur lässt die Früchte reifen

Die Natur scheint kraftvoller denn je. Die Glut der Sonne macht zuversichtlich, aber auch etwas träge. Die Natur strotzt vor Energie, das Leben zeigt sich von seiner kraftvollen, großzügigen und üppigen Seite. Der Sommer befindet sich auf seinem Höhepunkt – und lässt (noch) nichts vom kommenden Herbst erahnen. Nur die reifenden Früchte machen darauf aufmerksam, dass früher oder später die Zeit der Ernte und der Einkehr kommen wird … Doch noch will niemand daran denken, sondern das Leben bis dahin in vollen Zügen genießen. Die Natur „verschenkt" sich, und den Menschen fallen emotionale Offenheit und Wärme nicht schwer …

*Menschen, Ideen und Projekte, die jetzt geboren werden, bersten förmlich vor Kraft und zeugen von starkem Selbstvertrauen und Selbstbewusstsein. In der Lachs-Zeit blühen kühne und anspruchsvolle Vorhaben nicht nur, sie gedeihen auch. Denn jetzt kann nicht nur auf Begeisterung und Elan, sondern auch auf Ehrgeiz und Zielstrebigkeit zurückgegriffen werden. Das Leben, bzw. die Natur zeigt sich in einer unglaublichen Fülle und daraus schöpfen die Menschen für ihre Ideen und Projekte unmittelbar. Was immer in der Lachs-Zeit geboren und begonnen wird, es hat einen hohen Anspruch – und scheinbar ein fast müheloses Anrecht auf Autorität und Erfolg.*

### Lachs-Zeit 22.07.–21.08.

Der **Lachs** ist jetzt in Hochform, denn es ist seine Zeit.
**Falke** und **Eule** können nun ebenfalls eine Hoch-Zeit erleben.
**Hirsch** und **Rabe** fühlen sich aktiviert und motiviert.

# Die Braunbär-Zeit

## Die Natur ruft zur Ernte

In dieser (Jahres-)Zeit neigt sich der Sommer seinem Ende zu. Die Gaben und Geschenke der Natur werden nun geerntet und eingelagert. Von nun an werden die Tage spürbar kürzer, die Sonnenstrahlen verlieren allmählich an Intensität und Wärme. Die Zugvögel verabschieden sich – ein sicheres Indiz dafür, dass kältere und dunklere Zeiten bevorstehen. Man sollte beginnen, Vorsorge zu treffen. Eine Zeit der emsigen, unermüdlichen Arbeit sowie der dankbaren Freude bricht herein. Denn seit Anbruch der Falken-Zeit hat die Natur den Menschen aktiviert, motiviert, getragen und verwöhnt. Nun muss er langsam Einkehr halten, Bilanz ziehen, verwerten und eigene, innere Qualitäten entdecken …

*Menschen, Ideen und Projekte, die jetzt geboren werden, verkörpern und basieren auf Vernunft und Zweckmäßigkeit. Die Braunbär-Zeit begünstigt den Blick für wichtige Details sowie einen ausgeprägten Sinn für Notwendigkeiten, denen sich das Ego unterordnen muss. Die Pflicht des Dienens und Helfens will erkannt, ernst genommen und praktiziert werden, was wiederum die Bedürfnisse des Egos in den Hintergrund rückt. Die Braunbär-Zeit steht im weitesten Sinne für Bescheidenheit, den klugen und sachgerechten Umgang mit den Mitteln sowie für den Dienst am nächsten – wobei nicht zu vergessen ist, dass man sich auch selbst nahe sein sollte …*

**Braunbär-Zeit *22.08.–21.09.***

Der **Braunbär** ist jetzt in Hochform, denn es ist seine Zeit.
**Biber** und **Gans** können nun ebenfalls Hoch-Zeiten erleben
**Specht** und **Schlange** fühlen sich aktiviert und motivert

# Die Rabe-Zeit

## *Die Natur tritt ihren Rückzug an*

Der Herbst hat Einzug gehalten. Die Sonne verliert spürbar an Kraft und die Dunkelheit gewinnt allmählich die Oberhand, denn die Nächte werden jetzt länger als die Tage. Als ob sich das Leben vom ausklingenden zweiten Jahreszyklus großzügig verabschieden wollte, bietet die Natur, ähnlich wie zur Zeit des Blühens (des Hirsches), ein einzigartiges und farbenprächtiges Schauspiel. Bevor die Blätter von den Bäumen fallen und die Natur sich zurückzieht und in eine ruhigere Phase eintritt, zeigt sich das Laub noch einmal in seinem zauberhaften, bunten Gewand. Die Zugvögel sind endgültig aufgebrochen und die vielen Tiere bereiten sich auf ihren Winterschlaf vor. Es herrscht eine eigentümliche Stille.

*Menschen, Ideen und Projekte, die jetzt geboren werden, werden gespeist vom Bedürfnis nach Ausgewogenheit, nach Harmonie und Gerechtigkeit. In der Rabe-Zeit geht es darum, gegensätzliche Pole zu akzeptieren und in Einklang zu bringen. Das erfordert ein tieferes Verständnis für „das (den) andere(n)“ – oder zumindest ein gutes Maß an Diplomatie und Kompromissbereitschaft. Jetzt ist nicht unbedingt der rechte Moment, gravierende Entscheidungen zu fällen. Doch es ist Zeit, die Dinge abzuwägen und miteinander zu vergleichen, um schließlich doch Entschlüsse fassen zu können, die möglichst allen gerecht werden …*

### Rabe-Zeit 22.09.–22.10.

Der **Rabe** ist jetzt in Hochform, denn es ist seine Zeit.
**Hirsch** und **Otter** können nun ebenfalls Hoch-Zeiten erleben.
**Lachs** und **Eule** fühlen sich motiviert und aktiviert.

# Die Schlange-Zeit

## Die Natur stirbt und wandelt sich

Das Leben in der Natur durchläuft in der Schlange-Zeit einen Sterbeprozess; es herrscht Abschiedsstimmung. Die Sonne ist schon so schwach, dass die Pflanzenwelt nicht mehr genügend Energie bekommt, um sich am Leben zu erhalten. Das wunderschöne, bunte Herbstlaub ist nun weitestgehend gefallen und die heftigen Stürme sowie der erste Frost sorgen dafür, dass auch noch das letzte Blättchen fällt, um den Boden zu bedecken und vor der nahenden, eisigen Kälte des Winters zu schützen. Dieser Prozess des Sterbens ist gleichzeitig ein Akt der Verwandlung, denn aus den abgestorbenen Pflanzenteilen wird Humus werden, der den Erdboden düngt und fruchtbar macht, so dass dieser im weiteren Verlauf des natürlichen Kreislaufs erneut Leben hervorbringen kann …

*Menschen, die jetzt geboren werden, muten sich manche Herausforderung zu; Ideen und Projekte sind nicht ganz leicht zu realisieren. In der Schlange-Zeit geht es nämlich unter anderem darum, herauszufinden, wer oder was überlebensfähig ist. Die Grenzen der physischen und psychischen Belastbarkeit wollen ausgelotet werden, denn es geht jetzt auch um die schwierige Aufgabe der Transformation: um das Festhalten und Loslassen, um das Bewahren und Zerstören, das „Stirb" und „Werde" … Und es bleibt die große Frage, wie die Energien eingesetzt werden: konstruktiv oder destruktiv?*

### Schlange-Zeit 23.10.–22.11.

Die **Schlange** ist jetzt in Hochform, denn es ist ihre Zeit.
**Specht** und **Wolf** können nun ebenfalls Hoch-Zeiten erleben.
**Braunbär** und **Gans** fühlen sich aktiviert und motiviert.

## Die Natur fällt in ihren Winterschlaf

In der Zeit der Eule liegt die Natur in tiefem Winterschlaf. Doch träumt sie schon den Traum der Auferstehung und so ist dies auch die Zeit der Hoffnung und der Zuversicht. Nun hat die Sonne ihren (scheinbar) tiefsten Stand erreicht, die Tage bestehen zu einem Drittel aus Tag und zu zwei Dritteln aus Nacht. Natur und Mensch nähren sich in dieser Zeit von dem Glauben, dass sich dieses bedrückende Verhältnis bald wandeln wird – und dass das Licht in Kürze seinen Siegeszug antreten wird. Bis dahin schläft die Natur jedoch tief und fest und verbreitet eine erwartungsvolle Stille, die Einkehr und Verinnerlichung fördert und fordert.

*Menschen, Ideen und Projekte, die jetzt geboren werden, tragen einen Funken in die Welt. Der tief verwurzelte Glaube an „das Gute" prägt die Eule-Zeit und so können Visionen und Pläne entstehen, die von Idealismus und Begeisterung getragen sind. Aus diesem Grund ist es auch wichtig, dass hinter allen Aktivitäten und Vorhaben eine starke innere Überzeugung steht, für die sich besonderes Engagement lohnt. Die Ziele der Eule-Menschen – ebenso der Eule-Zeit – sind für gewöhnlich sehr hoch gesteckt und dementsprechend anspruchsvoll. Deshalb bedarf es nicht zuletzt auch spontaner bis euphorischer Kraft, um etwas zu bewegen; das starke ideelle Fundament aller Vorhaben ist in dieser Zeit daher das A und O.*

### Eule-Zeit 23.11.–21.12.

Die **Eule** ist jetzt in Hochform, denn es ist ihre Zeit.
**Falke** und **Lachs** können nun ebenfalls Hoch-Zeiten erleben.
**Rabe** und **Otter** fühlen sich aktiviert und motiviert.

# Die Gans-Zeit

## Die Natur beginnt sich zu erneuern

Eis und Schnee bedecken die Erde und scheinen alles Leben und alle Hoffnung einzufrieren. Doch durch die Kälte und Härte der Natur hindurch schimmern Reinheit und die stille Kraft des Lebens sowie die Bereitschaft, sich aus der Starre zu lösen. Der Kreislauf der Natur setzt in der Zeit der Gans ein zartes Signal des Aufstiegs: zunächst unmerklich, doch dann immer deutlicher, setzt das Licht sich durch. Zwar fehlt es der Sonne noch an durchdringender Macht, doch die Tage werden wieder länger. So kann der Keim der Hoffnung, der in der Eule-Zeit geboren wurde, allmählich reifen und konkrete Form annehmen. Natur und Mensch haben die Herausforderung angenommen – und werden in Demut und konzentrierter Kraft über sich hinauswachsen.

*Menschen, Ideen und Projekte, die jetzt geboren werden, müssen und wollen beweisen, dass ein zielstrebiger und beharrlicher Aufstieg möglich und auch der Schlüssel zum langfristigen Erfolg ist. Der Weg führt unermüdlich aus den tiefsten Tiefen bis hinauf auf den höchsten Gipfel. Das ist manchmal hart und anstrengend und erfordert deshalb klare Vorstellungen, eine realistische Einschätzung und vor allem den vernünftigen wie ehrgeizigen Einsatz der Mittel. In der Gans-Zeit verlangen Pläne und Vorhaben nach einem äußerst stabilen Fundament, von dem aus jeder weitere Schritt kontinuierlich unternommen werden kann – bis das Ziel erreicht ist …*

### Gans-Zeit 22.12.–19.01.

Die **Gans** ist jetzt in Hochform, denn es ist ihre Zeit.
**Biber** und **Braunbär** können nun ebenfalls Hoch-Zeiten erleben.
**Schlange** und **Wolf** fühlen sich aktiviert und motiviert.

## *Die Natur trifft erste Vorbereitungen*

Noch sind Frost und Schnee nicht bezwungen. Der Winter zeigt sich von seiner unerbittlichen Seite – und will scheinbar niemals weichen. Doch etwas wird immer spürbarer: die Kraft der Sonne. Siegessicher steigt sie höher und höher; in Kürze werden sich Kälte und Dunkelheit ihren kraftvollen Strahlen endgültig beugen müssen. Die winterliche Stille wird mehr und mehr zur angespannten Erwartung. Schon zeigen sich kleine, zarte Knospen, die nur auf ihren Durchbruch und den Startschuss der Natur warten. Nähert sich die Otter-Zeit ihrem Ende, vermag die Sonne das Eis bereits ein wenig zu schmelzen – und ab und an riecht es schon nach etwas Aufregendem, nämlich nach Frühling …

*Menschen, Ideen und Projekte, die jetzt geboren werden, sind auf Fortschritt programmiert. Humanität und Gerechtigkeit sind Schlagworte der Otter-Zeit. Der Blick weist weit in die Zukunft, Aktivitäten und Ziele orientieren sich an der Vorstellung, die Welt zu verbessern – und können dementsprechend gravierende Veränderungen einläuten. So ist dies auch die Zeit, Bestehendes und scheinbar Bewährtes zu hinterfragen – und gegebenenfalls zu reformieren. Umbrüche und Neuorientierung sind nun stark begünstigt, aber auch Gruppen- und Gemeinschaftsaktivitäten – natürlich unter sozialen und humanen Gesichtspunkten.*

### Otter-Zeit *20.01.–18.02.*

Der **Otter** ist jetzt in Hochform, denn es ist seine Zeit.
**Hirsch** und **Rabe** können nun ebenfalls Hoch-Zeiten erleben.
**Falke** und **Eule** fühlen sich aktiviert und motiviert.

# Die Wolf-Zeit

## Die Natur zeugt von der Auferstehung

In der Wolf-Zeit werden Hoffnungen und Erwartungen zur freudigen Gewissheit: Der Frühling und damit ein Neubeginn des Naturkreislaufs, steht unmittelbar bevor. Eis und Schnee versuchen zwar noch ihre Vorherrschaft zu behalten, doch die zunehmende Kraft der Sonne zwingt den Winter in die Knie. Schon bersten die ersten Knospen an Bäumen und an Sträuchern, einige unerschrockene Blüten öffnen sich bereits und künden damit von dem neuen Leben, das sich in Kürze den befreienden Durchbruch verschaffen wird. Der Kreis schließt sich; ein weiterer Zyklus der Natur und des Lebens kann von Neuem beginnen …

*Menschen, Ideen und Projekte, die jetzt geboren werden, stecken voller Hoffnung, Hingabe und einem mehr oder auch weniger unbewussten (Gott-)Vertrauen, das sich sowohl auf Dinge und Situationen wie auch auf andere Menschen bezieht. In der Wolf-Zeit sind Begriffe wie Hilfsbereitschaft und Dienst am Nächsten keine idealistischen – oder gar leeren – Sprüche, sondern Inhalt und Basis allen Denkens und Tuns. Vorhaben und Aktivitäten können deshalb auf liebevollen und selbstlosen Gefühlen und Gedanken basieren. Instinkt und Intuition sind nun die besten Ratgeber. Jedoch besteht auch die Gefahr, dass Gutmütigkeit und Leichtgläubigkeit ausgenutzt werden.*

### Wolf-Zeit *19.02.–20.03.*

Der **Wolf** ist jetzt in Hochform, denn es ist seine Zeit.
**Specht** und **Schlange** können nun ebenfalls Hoch-Zeiten erleben.
**Biber** und **Gans** fühlen sich aktiviert und motiviert.

## Natürlich heilen

**Schüßler-Salze**
Von A. Rückert, 128 S., kartoniert
**ISBN:** 3-635-**60518**-2
**Preis: DM 14,90**

Der menschliche Organismus braucht Mineralstoffe und Spurenelemente, um reibungslos zu funktionieren. Dieses Buch informiert Sie über die Anwendung der Schüßler-Salze, in denen die Zellnährstoffe enthalten sind.

**Natürlich entgiften mit der Öl-Zieh-Kur**
Von I. Hammelmann, 80 S., kartoniert
**ISBN:** 3-635-**60391**-0
**Preis: DM 10,90**

Das „Kauen" von hochwertigem Sonnenblumenöl dient der Entgiftung des Körpers und trägt dazu bei, die Abwehrkräfte zu stärken. Wie das Ölkauen funktioniert und welche Naturheilmethoden die positive Wirkung der Ölkur unterstützen, erläutert dieser Ratgeber.

**Die sagenhafte Heilkraft der Papaya**
Von H. W. Tietze, 80 S., kartoniert
**ISBN:** 3-635-**60396**-1
**Preis: DM 12,90**

Schon lange ist den Naturvölkern die Heilkraft der Papaya bekannt. Sie wirkt gegen Infektionen, als Beruhigungs- und Stärkungsmittel. Auch bei Krebserkrankungen wird ihr heilende Wirkung nachgesagt. In diesem Ratgeber erfahren Sie mehr über die Papaya und ihr Konzentrat.

**Kava-Kava**
Von I. Hammelmann, 80 S., kartoniert
**ISBN:** 3-635-**60514**-X
**Preis: DM 12,90**

Die exotische Wurzel aus der Südsee macht mit ihrer Heilkraft von sich reden. Der Ratgeber informiert Sie über die entspannende, beruhigende Wirkung des Wurzelextrakts, welches u.a. gegen Schmerzen, Depressionen und Niedergeschlagenheit helfen kann.

**Teebaumöl für Gesundheit und Schönheit**
Von S. Poth, 80 S., kartoniert
**ISBN:** 3-635-**60344**-9
**Preis: DM 12,90**

Teebaumöl wird wegen seiner guten Wirksamkeit geschätzt, es ist vielseitig und gut verträglich. Dieses FALKEN Taschenbuch beschreibt fundiert die verschiedenen Therapien und Anwendungen in der alltäglichen Körperpflege.

**Grüner Tee**
Von C. Teufl, 80 S., kartoniert
**ISBN:** 3-635-**60150**-0
**Preis: DM 14,90**

Grüner Tee ist ein feiner und zugleich heilsamer Genuss. Dieser Ratgeber stellt die verschiedenen Grünteespezialitäten vor und informiert Sie über die richtige Zubereitung, die Inhaltsstoffe und die Heilwirkungen.

**ASTRODATA**
Die professionelle Qualität in der Astrologie

# Leserbestellung

| | | | |
|---|---|---|---|
| ❑ | Grosse Persönlichkeitsanalyse | Nr. 87 | DM 79.– |
| ❑ | Standard-Horoskopanalyse | Nr. 71 | DM 45.– |
| ❑ | NEU: Die Berufsanalyse | Nr. 99 | DM 79.– |
| ❑ | Esoterische Lebensplan-Analyse | Nr. 85 | DM 60.– |
| ❑ | Partnerschaftsanalyse | Nr. 75 | DM 60.– |
| ❑ | Kinderanalyse | Nr. 73 | DM 60.– |
| ❑ | Grosse Jahresvorschau | Nr. 7G | DM 89.– |
| ❑ | Vertiefte Trendanalyse für 6 Monate | Nr. 78 | DM 79.– |
| ❑ | Horoskopzeichnung zusätzlich | | DM 14.– |

Peisänderungen vorbehalten

**1. Analyse bzw. 1. Person:** Bestellnr.

Name ______________ weibl./männl.

Geb.Dat. ______________ -Zeit ______

Geburtsort* ______________

*bei kleinem Ort bitte nächste Stadt angeben

Gemeinsamer Wohnort der Partnerschaft:

______________

Für Zeitanalysen Startmonat: ______

**2. Analyse bzw. 2. Person:** Bestellnr.

Name ______________ weibl./männl.

Geb.Dat. ______________ -Zeit ______

Geburtsort* ______________

*bei kleinem Ort bitte nächste Stadt angeben

Gemeinsamer Wohnort der Partnerschaft:

______________

Für Zeitanalysen Startmonat: ______

**Allgemeine Lieferungs- und Zahlungsbedingungen**

| | |
|---|---|
| *Normalversand* | «ECONOMY» Versandkosten DM 5.–, Postaufgabe innert einer Woche + Postweg ca. 2-3 Wochen portofrei ab DM 200.– |
| *Spezialversand* | «PRIORITY», Versandkosten DM 10.–, Postaufgabe innert 48 Std. + Postweg ca. 1 Woche |
| *Vorauszahlung* | Bitte Vorauszahlung mit Check oder Postquittung als Beilage |
| *Zahlungskonto* | Einzahlungskonto für Deutschland: Deutsche Bank in Weil a.R. (Bankleitzahl 683 700 34) für Noé-Konto 274 3912<br>Einzahlungskonto für Österreich: Postsparkasse 4307400 der Österreichischen Länderbank in Bludenz (Bankleitzahl 12880) für Noé-Konto 870-114-363 |

**Lieferadresse:**

Name/Vorname:

Strasse:

PLZ/Ort:

Bitte einsenden an:

NOÉ ASTROSERVICE AG,

Postfach 534, CH-8047 Zürich